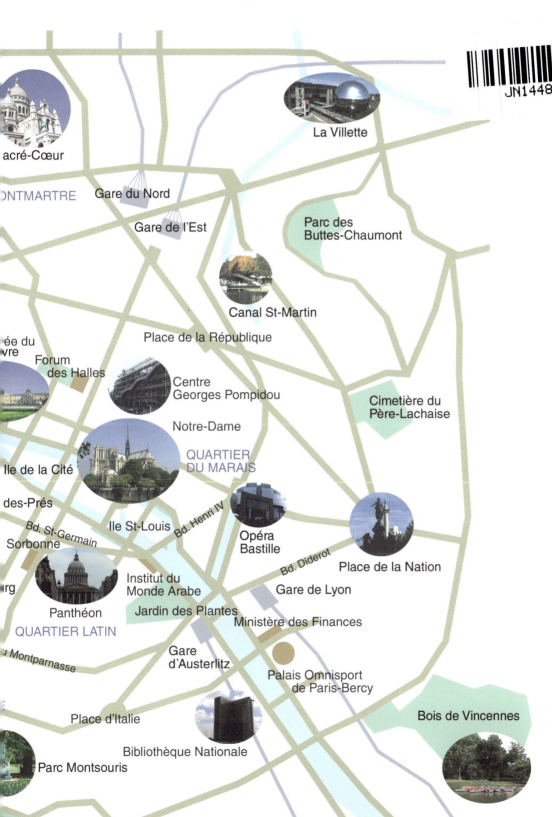

Jardin du français

Yoko Naba

SURUGADAI-SHUPPANSHA

表紙絵・本文イラスト：ノエル

はじめに

　Jardin du français は大学や高校でフランス語を初めて学ぶ方を対象にした教材で，第 2 外国語の週 1 回の授業（90〜100分）時間に対応しています．0 課から14課で成り，1 課が 4 ページの構成です．

　また，仏検 5 級に対応した単語，表現，文法などが全課に取り入れられています．

この本の構成と特徴

　各課 1 ページ目の **Expression** では日常生活での自然なコミュニケーションが身に付く短い会話例があり，同じページの下の **Vocabulaire** では，その課で必要な単語がイラストと共に出ています．2 ページ目の **Grammaire** では文法事項がより良く理解できるように，できるだけ多くの文例を挙げてあります．次の **Exercices** では，「聞く・話す・書く」力を養う為に，**Écouter et Dire**（聞き取り・言いましょう），**Écrire**（書く）の項目があります．

　1 ページ目の **Expression** の会話例の項目毎に **Grammaire** と **Exercices** が対応しています．**Écouter et Dire**（聞き取り・言いましょう）では，CD を活用し練習するようにしてあります．

　最後の **Dialogue** では，その課で学んだ事を生かしながら，学習者が日常生活で話題にするような会話ができるように工夫しました．学習者がそれぞれの役柄を実際に演じて，発表すると良いでしょう．

　また **Prononciation** では，その課に出ている単語を使い，綴字と発音の関係を理解できるようにしています．

　7 課と 8 課の間に，フランスの文化・生活習慣・歴史的建造物等を紹介する **Civilisation** のページがありますので，参考になさって下さい．

　そして，全課を通して，表現を具体的にイメージしやすいように，できるだけ多くのイラストを取り入れました．

  この本の使い方

　各課1ページ目の **Expression** には幾つかの項目がありますので，1項目ずつ進んで行くと，**Grammaire** と **Exercices** に自然に対応できるので，わかりやすいでしょう．
　各課1ページ目の **Expression** で基本の表現を発音し確認した後，2ページの **Grammaire** で必要な文法項目の説明をし，また1ページ目，下の必要な **Vocabulaire** を発音し確認します．その後で，3ページ目の **Exerecice I** の **Écouter et Dire** では，CDを聞きながら，**Vocabulaire** や表現の聞き取りと，実際に口に出して言う練習をします．
　Exerecice II も **Expression** で確認した基本表現に応じて，書く練習を行います．
　4ページ目の **Dialogue** では発音をし，必要な単語や表現を確認した後で，**Exercice 1.** で会話内容の理解を確認し，**Exercice 2.** では，会話を暗記で実際に演じてみるとよいでしょう．同じページの **Prononciation** では，この課で出てきた単語から，綴り字と発音の規則が確認できますので，必要に応じ適宜に確認して下さい．

　そして，この教科書のタイトル *Jardin du français* についてですが，"**Il faut cultiver notre jardin**"，これは18世紀のフランスの哲学者ヴォルテールの小説『カンディード』の最後にある，主人公の有名な言葉です．「庭を耕すように，フランス語を学習する方たちが少しずつフランス語を耕していかれるように」という思いを込めて，*Jardin du français* と名付けました．そして，この本が少しでもその手助けになれましたら幸いです．

　最後に，この教科書を書くに当たって，多くのアドヴァイスとCDの吹込みをしていただいたCécilia Coudèneさん，CDの吹込みを一緒にして下さったSamuel Delonさん，またこの教科書を作る為に貴重なアドヴァイスやご協力をして下さった全ての方に，心より感謝を申し上げます．

2016年秋　著者

目　次

課	テーマ・表現	文法・動詞・語彙	発音	ページ
0	あいさつと 簡単な自己紹介	丁寧・親しいあいさつの違い 自己紹介での男性女性の違い	アルファベ 綴り字記号・綴り字と発音	7
1	自己紹介し合う 国籍・職業・名前を言う	動詞：être, s'appeler 国籍と職業の男性形・女性形・複数形 フランス人の名前	語末の発音について リエゾン・アンシェヌマン 綴り字と発音：ou [u], ai [ɛ], é [e]	11
2	カフェで コーヒーをください おいくらですか？	不定冠詞 数（1〜20） カフェの飲み物・食べ物	リエゾン・アンシェヌマン 綴り字と発音： eu [ø, œ], in [ɛ̃], c [k]	15
3	友達を紹介する 話す言語・住んでいる所 好みを言う・否定で言う	第1群規則動詞・否定文 定冠詞・場所の疑問詞 où 言語・学科・趣味	エリズィオン 綴り字と発音：oi [wa], ture [ty:r] an, en [ã], c [s], ç [s]	19
4	持ち物を言う・説明する 〜を持っている それは何ですか？ それは・それらは〜です 〜に〜があります	動詞：avoir・否定の de 疑問文・不定冠詞と定冠詞 疑問代名詞 Qu'est-ce que...? Il y a...... 場所の前置詞・文房具・身近な物	綴り字と発音： on [ɔ̃], l [l], y [i] un [ɛ̃], eau, au [o], c[k]	23
5	人について聞く・説明する それは誰ですか？ どんな人ですか？	疑問代名詞 qui 所有形容詞・年齢の表現 家族・形容詞・数　30〜60	綴り字と発音： è [ɛ], œu, eu [œ] in, ym [ɛ̃], f [f], ille [ij]	27
6	食べる物・飲み物を言う サラダを食べる ワインは飲まない 何を食べる？	動詞：manger, boire, prendre 部分冠詞・否定の de 疑問代名詞 Qu'est-ce que 食べ物・飲み物・食事	綴り字と発音： u [y], œu, eu [œ], an, en [ã] in, ain [ɛ̃], î [i] g [g]	31
7	行先を聞く・答える 〜へ行く・〜から来る 〜へ地下鉄で行く 時間を聞く・言う	動詞：aller, venir 前置詞 à, de の縮約 時間の表現 様々な場所・移動手段	綴り字と発音： ch [ʃ], é [e], ture [ty:r] tion [sjɔ̃], ph [f]	35
Civilisation 1	フランス語圏			39
Civilisation 2	フランスの学校制度			40
Civilisation 3	フランス人と食事			41
Civilisation 4	フランスの郷土料理			42

課	テーマ・表現	文法・動詞・語彙	発音	ページ
	Civilisation 5 パリの歴史的建造物			43
	Civilisation 6 フランス人と休暇／フランスの住所の表記			44
	Civilisation 7 フランスの行事と祝日			45
8	行きたい場所を聞く 〜はどちらですか？ そこへ行く（場所を言い換える代名詞） 天気を言う	動詞：tourner, continuer 命令形・中性代名詞 y 天気の表現 Il faut ＋動詞原形〜しなければならない・人称代名詞の強勢形・序数・位置の前置詞・様々な場所・指示形容詞	綴り字と発音： qu [k], ai, è [ɛ] en [ɑ̃], th [t]	47
9	日程について話す 曜日・日付を言う 〜が終わる・〜を終える いつ？・いくつの〜？ 感想や印象を言う	疑問形容詞 quel 第 2 群規則動詞：finir 疑問副詞 quand 中性代名詞 en Combien de 〜？いくつの〜？ 感想・印象を表す形容詞 曜日・月	綴り字と発音： em, an [ɑ̃], gn [ɲ], im, in [ɛ̃]	51
10	これからする事・したばかりの事を言う 〜をする　〜できる なぜ〜？　なぜならば〜	近接未来・近接過去 動詞：faire, pouvoir, Pourquoi 〜？Parce que 〜 時に関する言葉	綴り字と発音： é [e], ain, in [ɛ̃]	55
11	日常の生活を言う 6 時に起きます 朝早く出かける 新聞をいつも読む	代名動詞 動詞：rester, rentrer, regarder lire, dormir, dire, sortir, partir 副詞　toujours, souvent, etc.	綴り字と発音： è [ɛ], e [ə]	59
12	身体の状態を言う 〜が痛い，熱い，寒い…… 欲しい物・したい事を言う 〜しなければならない	avoir mal à ＋身体の部分 〜が痛い 動詞：vouloir, devoir 身体の部分	綴り字と発音： ê [ɛ], ain [ɛ̃] au [o], g [ʒ]	63
13	身につける物を言う 〜色の洋服を着る 比較する 〜より〜です・最も〜です 人・物を言い換える	動詞：porter 比較級・最上級 人称代名詞（直接目的語） 洋服・色・数 70〜10 000		67
14	過去の事を言う 様々な否定の表現	複合過去 動詞の過去分詞 ne 〜 plus, encore, jamais, etc. 過去を表す言葉		71

Leçon 0 あいさつと簡単な自己紹介

① あいさつ

出会い 02　　　　　　　　　　　　　　　**別れ** 03

ていねい（一般的・目上の人）

1) M. Viton　: Bonjour, Madame.　　　2) M. Viton　: Au revoir, Madame.
   Mme Dion : Bonjour, Monsieur.　　　　　　　　　　　　Bonne journée !
   M. Viton　: Comment allez-vous ?　　　　Mme Dion : Au revoir, Monsieur.
   Mme Dion : Je vais très bien.　　　　　　　　　　　　Bonne journée !
   　　　　　　 Merci, et vous ?
   M. Viton　: Très bien, merci.

親しい（家族・友人など）

 1) Éric　 : Salut, Marie.　　　 2) Éric　 : Salut, Marie.
   Marie : Salut, Eric.　　　　　　　　　　　　　　À demain !
   Éric　 : Ça va ?　　　　　　　　　　Marie : Salut, Éric.
   Marie : Ça va. Et toi ?　　　　　　　　　　　　À demain !
   Éric　 : Ça va, merci.

② 簡単な自己紹介

 Garçon　　　　　　　　　　　　　　　　　　　　Fille

Bonjour,　　　　　　こんにちは　　　　　　　　　　Bonjour,
Je m'appelle Yuki MORI.　私は { 森　勇気 / 佐藤　真理 } といいます．　Je m'appelle Mari SATO.
Je suis japonais.　　　　私は日本人です．　　　　　　Je suis japonaise.
Je suis étudiant.　　　　私は学生です．　　　　　　　Je suis étudiante.
J'habite à Tokyo.　　　　私は東京に住んでいます．　　J'habite à Tokyo.
J'aime le sport.　　　　　私はスポーツ（音楽）が好きです．　J'aime la musique.
Enchanté.　　　　　　　よろしくお願いします．　　　Enchantée.

GRAMMAIRE

🟢 あいさつ

間柄	時間		出会い		別れ	
一般的・ていねい	朝・昼	☀	**Bonjour**	こんにちは	**Au revoir**	さようなら
	夕方・夜	🌙	**Bonsoir**	こんばんは	**Au revoir**	さようなら
親しい	朝・昼・夕方・夜		**Salut**	こんにちは・こんばんは	**Salut**	さようなら

1. ― Bonjour
   ― Bonsoir 　に　Monsieur = M.
   ― Au revoir　　 Madame = Mme　　を付けると，よりていねいになります．
   　　　　　　　　Mademoiselle = Mlle

2. **Salut** は出会い・別れに朝・昼・夜一日中使えますが，<u>親しい人との間のみ</u>です．

3. Comment allez-vous ?「お元気ですか？」（ていねい）　Ça va ?「元気？」（親しい）

4. 相手の調子を聞き返す **Et vous ? Et toi ?**「そして，あなたは？」は
   Et vous ? はていねいで，**Et toi ?** は親しい聞き方です．

5. Au revoir, Salut の後に Bonne journée !「良い一日を！」や À demain !「また明日！」などを良く付け加えます．

6. 身ぶり：・一般的な挨拶では握手をします．
   　　　　・親しいあいさつでは頬と頬に軽く触れ合います．（Bises）

🟢 簡単な自己紹介

1. Je m'appelle ＋名前「私は〜といいます」
   m'appelle は「〜という名前です」という意味の動詞です．

2. Je suis ＋国籍・職業「私は〜です」

3. 国籍と職業の男性と女性の違い

	男性形（m.）	女性形（f.）
国　籍	Je suis japonais.	Je suis japonais**e**.
職　業	Je suis étudiant.	Je suis étudiant**e**.

   国籍・職業の女性形（f.）は男性形（m.）に "**e**" をプラスするのが原則です．

4. J' habite à ＋場所「私は〜に住んでいます」　*à は場所を示す前置詞

5. J' aime ＋趣味　「私は〜が好きです」

EXERCICES

1. 次のあいさつに合う，下のイラストを探してください．

   1) Salut, Louis. Ça va ?
      Salut, Sophie. Ça va, Merci.

   2) Bonjour, madame. Comment allez-vous ?
      Très bien. Merci, et vous ?

   3) Au revoir, Madame. Bonne journée.
      Au revoir, Monsieur. Bonne journée.

   4) Salut, à demain.
      Salut, à demain.

   1) _____ 2) _____ 3) _____ 4) _____

   a)   b)   c)   d)

2. イラストの人物に会ったら，どんなあいさつをしますか？

   1) ☀ 2) ☀ 3) 🌙 4) ☀ 5) 🌙

   Mme PICO   Adèle   M. MARTIN   Mlle PIOTTI   Rémi

3. あなたも自己紹介しましょう．

・高校生： - lycéen（男子）- lycéenne（女子） ・大学生： - étudiant（男子） - étudiante（女子）

・趣味　： - la lecture 読書 - le cinéma 映画 - la danse ダンス - la cuisine 料理

　　　　　 - le football サッカー - le tennis テニス - le baseball 野球 - la natation 水泳

Alphabet

Aa	Bb	Cc	Dd	Ee	Ff	Gg	Hh	Ii	Jj	Kk	Ll	Mm
[a]	[be]	[ce]	[de]	[ə]	[ɛf]	[ʒe]	[aʃ]	[i]	[ʒi]	[ka]	[ɛl]	[ɛm]

Nn	Oo	Pp	Qq	Rr	Ss	Tt	Uu	Vv	Ww	Xx	Yy	Zz
[ɛn]	[o]	[pe]	[ky]	[ɛːr]	[es]	[te]	[y]	[ve]	[dubləve]	[iks]	[igrɛk]	[zed]

EXERCICES

1. 次の略語を発音しましょう．

   AM PM CD TV EU JR DVD IOC USA ONU WHO TGV JAXA SNCF

2. 例にならい，自分の名前の綴り字をフランス語のアルファベで発音しましょう．

   Je m'appelle Yuki. → Y, U, K, I

綴り字記号

é	アクサン・テギュ	: cinéma, café	’	アポストロフ	: coup d'État
è à ù	アクサン・グラーヴ	: crème	-	トレ・デュニオン	: hors-d'œuvre
â ê î ô û	アクサン・スィルコンフレクス	: pâtissier	¸	セディーユ	: Ça va
ë ï ü	トレマ	: Noël			

綴り字と発音

1. 語末の発音

   1) 語末の子音字はほぼ発音しません．

   Paris   sport   Grand Prix   coup d'État

   2) 語末の子音字 c r f l は発音する事が多いです．

   avec   bonjour   chef   animal

   3) 語末の e は発音しません．

   classe   mélodie   Madame   gomme   omelette

2. h は発音しません．harmonie   huit   hôtel   histoire

＊綴り字と発音については，各課の PRONCIATION で詳しく学んでいきます．

Leçon 1 — 自己紹介し合う

EXPRESSION

① 国籍を言う

1) Vous êtes français ?
   Oui, je suis français.

2) Tu es japonaise ?
   Non, je suis chinoise.

② 職業を言う

1) Vous êtes étudiant ?
   Oui, je suis étudiant.

2) Tu es étudiante ?
   Non, je suis lycéenne.

③ 名前を言う

1) Vous vous appelez comment ?
   Je m'appelle Claude DUPONT.

2) Tu t'appelles comment ?
   Je m'appelle Agnès.

VOCABULAIRE

国籍

japonais(e)　français(e)　chinois(e)　américain(e)　canadien(ne)　coréen(ne)　suisse *

職業

étudiant(e)　employé(e)　lycéen(ne)　footballeur(-euse)　professeur *　médecin *

フランス人の名前

男性 *(m.)*	Daniel	Éric	Léo	Louis	Thomas	Rémi
女性 *(f.)*	Agnès	Chloé	Cécile	Camille	Jeanne	Pauline

PRONONCIATION 1

1. 語末の子音字は発音しないことが多く，e は発音しません．
   nous vous ils elle étudiant employée japonais chinois
2. 綴り字と発音：フランス語は綴り字による発音の規則があります．
   ou [u] : nous vous journaliste bonjour　　ai [ɛ] : japonais anglais français
   é [e] : étudiant employé lycéen américain

11

GRAMMAIRE

❶ 主語と動詞　être「～は～です」

je	suis	私は～です	nous	sommes	私たちは～です
tu*1	es	君は～です	vous*2	êtes	あなた（方は）・君たちは～です
il	est	彼は～です	ils	sont	彼らは～です
elle	est	彼女は～です	elles	sont	彼女たちは～です

＊1 tu → 君は（親しい）　＊2 vous → あなたは・あなた方は（ていねい）・君たちは（親しい）

❷ 国籍と職業の男性形・女性形・複数形

フランス語では国籍・職業は男性形（*m.*）と女性形（*f.*）の区別をします．　＊男女同形（*m.f.*）
主語が女性の場合は国籍・職業の男性形に原則として "**e**" をプラスします．
主語が複数になると国籍・職業の最後に "**s**" をプラスします．

Il est anglais. → Elle est anglais**e**.
Je suis professeur. → Nous sommes professeur**s**.
Tu es américain. → Vous êtes américain**s**.
Elle est lycéenne. → Elles sont lycéenne**s**.

❸ 動詞 s'appeler「～という名前です」　＊comment ?：疑問詞　何と？　どんな？

～という名前です	何という名前ですか？
Je　　m'appelle Pierre.	Vous　　vous appelez comment ?
Tu　　t'appelles Anne.	Tu　　t'appelles　　comment ?
Il / Elle s'appelle Éric. / Céline.	Il / Elle s'appelle　　comment ?

EXERCICES

I Écouter et Dire（聞き取り，言ってみましょう）

1. CD を聞き，国籍が男性形なら *m.* 女性形なら *f.* 男女同形なら *m.f.* を記入しましょう．

   1) _____　2) _____　3) _____　4) _____　5) _____

2. イラストに合う国籍を言ってみましょう．

   1) Je suis (m.)　2) Tu es (f.)　3) Il est　4) Elle est　5) Vous êtes (f.)　6) Elles sont

3. CD を聞き，職業が男性形なら *m.* 女性形なら *f.* 男女同形なら *m.f.* を記入しましょう．

   1) _____　2) _____　3) _____　4) _____　5) _____

4. イラストに合う職業を言ってみましょう．

1) Tu es   2) Elle est   3) Je suis   4) Il est   5) Vous êtes   6) Elle est

5. 例にならいペアで言いましょう．

例) Daniel / français / étudiant
Il s'appelle comment ? — Il s'appelle Daniel.
Il est français ? — Oui, il est français.
Il est employé ? — Non, il est étudiant.

1) M. RIM / coréen / professeur
2) Pauline / française / étudiante
3) Monica Piotti / italienne / médecin

II Écrire（書く）

1. 正しいフランス語になるようにêtre動詞または主語を入れ，文を完成しましょう．

1) Ils _____ américains ? — Oui, _____
2) _____ êtes chinoises ? — Non, nous _____ coréennes.
3) Tu _____ lycéen ? — Oui, _____
4) _____ est employeé ? — Non, _____ professeur.
5) _____ sont suisses ? — Non, _____ canadiennes.

2. 正しいフランス語になるように動詞s'appelerまたは主語を入れ，文を完成しましょう．

1) _____ s'appelle comment ? — Elle _____ Jeanne.
2) _____ t'appelles _____ ? — Je _____ Thomas.
3) Vous _____ comment ? — Je _____ Éric ROBERT.
4) _____ s'appelle _____ ? — _____ s'appelle Rémi.

PRONONCIATION 2 [綴り字と発音]

3. 発音のつながり：リエゾン・アンシェヌマン

・リエゾン（liaison）：発音しない語末の子音字の後に母音字，無音のhで始まる単語がある場合，発音をつなげます．Je suis‿anglais. Vous‿êtes‿américain. Il est‿avocat. Vous vous‿appelez M. MARTIN.

・アンシェヌマン（enchaînement）：発音する語末の子音字の後に母音字，無音のhで始まる単語がある場合，発音をつなげます．Il‿est journaliste. Elle‿est japonaise.

Dialogue 1 自己紹介し合う

新学期にルイとナタリーが話しています．

Louis : Bonjour, je m'appelle Louis.
Tu t'appelles comment ?
Nathalie : Je m'appelle Nathalie.
Louis : Je suis français, je suis de Paris.[*1]
Je suis étudiant ici. Et toi ?
Nathalie : Je suis anglaise. Je suis de Londres.[*3]
Moi aussi,[*2] je suis étudiante ici.
Louis : Enchanté[*4].
Nathalie : Enchantée.

Vocabulaire et Expression　単語と表現

*1 Je suis de Paris : être de + 都市名　〜出身です
*2 Londres : ロンドン　　　　　　　　　*3 Moi aussi : 私も〜
*4 Enchanté(e) : 初めまして，よろしく　(e) は主語が女性の場合

EXERCICES

1. Dialogue 1 を聞き，ルイとナタリーについて以下の表に記入して下さい．

	国 籍	職 業	出 身 地
Louis			
Nathalie			

2. Dialogue 1を自分自身，又は架空の人物に置き換えて，ペアで会話をしてみましょう．

Leçon 2 カフェで

EXPRESSION

① カフェで注文する

Garçon　：Vous désirez ?
Client(e): Un café, s'il vous plaît.

② 会計をする

Client(e): L'addition, s'il vous plaît.
Garçon　：10 euros, s'il vous plaît.

VOCABULAIRE

飲み物

| un café | un thé | un chocolat | un jus d'orange | une eau minérale |

食べ物

| un sandwich | une crêpe | une pizza | une salade | une omelette |

数

un	deux	trois	quatre	cinq	six	sept	huit	neuf	dix
1	2	3	4	5	6	7	8	9	10
onze	douze	treize	quatorze	quinze	seize	dix-sept	dix-huit	dix-neuf	vingt
11	12	13	14	15	16	17	18	19	20

PRONONCIATION

euro は数字の最後の文字と発音がつながり，2 ユーロ以上は **s** をプラスします．

un‿euro, deux‿euros, trois‿euros, quatre‿euros, cinq‿euros, six‿euros, sept‿euros, huit‿euros, neuf euros, dix‿euros

綴り字と発音　　eu [ø, œ] : d**eu**x,　　**eu**ro,　　n**eu**f　　in [ɛ̃] : c**in**q, qu**in**ze, v**in**gt
　　　　　　　　c　　[k] : **c**afé

GRAMMAIRE

❶ Vous désirez ?「何を召し上がりますか？」

désirez「〜が欲しい」：原形は désirer で，カフェ・レストラン，様々なお店などで担当者がお客に注文を聞く言い方です．また以下のようにも言います．

Que désirez-vous ?　　　　　　— Une limonade et un sandwich, s'il vous plaît.*

Qu'est-ce que vous désirez ?　　— Un Perrier, s'il vous plaît.

* S'il vous plaît 「〜をお願いします」

❷ 不定冠詞

フランス語の名詞には男性形 (*m.*) と女性形 (*f.*) の性があります．
男性名詞の前には un，女性名詞の前には **une**，複数名詞の前には **des** をつけ，名詞に **s** をプラスします．

男性形 (*m.s.*)	女性形 (*f.s.*)	複数形 (*pl.*)
un	une	des

un café　　→ des café**s**

une crêpe → des crêpe**s**

❸ L'addition, s'il vous plaît.「会計をお願いします」

値段を聞く時は　— C'est combien ?「おいくらですか？」

　　　　　　　　— Ça fait combien ?「合計おいくらですか？」

EXERCICES

Ⅰ Écouter et Dire（聞き取り，言ってみましょう）

1. CD を聞き，名詞が男性形なら *m.* 女性形なら *f.* 複数形なら *pl.* を記入しましょう．

   1) _____　2) _____　3) _____　4) _____　5) _____

2. イラストに合う飲み物，食べ物を言いましょう．

   1) 　2) 　3) 　4) 　5)

3. CD を聞き，聞き取れた数を記入しましょう．

   a) _____　b) _____　c) _____　d) _____　e) _____　f) _____

4. CD を聞き，値段を記入しましょう．

   a) _____euros　b) _____euros　c) _____euros

   d) _____euros　e) _____euros

5. メニューを読んでみましょう．

Café de Paris

un café .... 2 euros	un sandwich .... 5 euros
un thé .... 2 euros	une crêpe .... 6 euros
un chocolat .... 2 euros	une pizza .... 7 euros
une limonade .... 3 euros	une salade .... 5 euros
un Perrier .... 3 euros	une omelette .... 5 euros
une Evian .... 2 euros	une glace .... 3 euros

6. ウェイターとお客のペアになり，上のメニューを見ながら，飲みたい物，食べたい物を選んで注文しましょう．

　例） Vous désirez ?　　— une limonade, une pizza et une salade, s'il vous plaît.

II Écrire (書く)

1. 以下の名詞にふさわしい不定冠詞を入れましょう．

　1) _____ salade　　2) _____ thé　　3) _____ crêpes

　4) _____ jus d'orange　5) _____ omelettes　6) _____ chocolat

2. ウェイターとお客の会話になるように，ふさわしいフランス語を記入しましょう．

　1) Vous _____ ?
　2) _____ thé, _____ crêpe et _____ glace, _____
　　_____, s'il vous plaît. Il _____, s'il vous plaît.

フランスのカフェ

　フランスには多くのカフェがあり，会計は座ったテーブルでする事が多く，レシートに（サービス料込）と書いてあれば，チップは不要です．最近はセルフサービスのカフェも増えてきています．

メニューと定食

　日本語のメニューはフランス語では « menu » と言って，定食の意味です．食事の時間になるとカフェやレストランの入り口に « menu à 10 euros »，« menu à 20 euros » の看板が掛けられます．献立表の意味でのメニューは « carte » と言います．カフェではサンドイッチ，クレープ，ピザなどの軽食もあります．

Dialogue 2 — Au café (カフェで)

>> ソフィーとジャンはカフェに入り注文します

Garçon	: Bonjour, vous désirez ?
Sophie et Jean	: Bonjour.
Sophie	: Moi, un thé et une crêpe, s'il vous plaît.
Jean	: Pour moi[*1], un café et un sandwich, s'il vous plaît.
Garçon	: Très bien[*2]. ...... Voilà[*3].
Sophie et Jean	: Merci. ......
Jean	: Monsieur, Excusez-moi[*4]. L'addition, s'il vous plaît.
Garçon	: Ça fait 15 euros[*5], s'il vous plaît.
Jean	: Voilà.
Garçon	: Merci, au revoir. Bonne journée[*6] !
Sophie et Jean	: Au revoir. Bonne journée !

Vocabulaire et Expression　単語と表現

*1　Moi, Pour moi, :　私には
　　文の最初につけ，自分の言う事を強調します．
*2　Très bien :　かしこまりました
　　お店やカフェなどで，注文を確かに受けたという意味．
*3　Voilà :　どうぞ，人に物を出す時によく言います．
*4　Excusez-moi :　すみません
　　人を呼び止めたい時に使います．
*5　Ça fait 15 euros :　合計15ユーロです
*6　Bonne journée :　良い一日を

EXERCICES

1. Sophie と Jean が注文した飲み物，食べ物とそれぞれの金額と合計を表に記入しましょう．

	飲み物	値段	食べ物	値段	合計
Sophie					
Jean					

2. Dialogue 2 をグループになり，練習しましょう．

Leçon 3 友達を紹介する

EXPRESSION

① 話す言語を言う

1) Vous parlez français ?
   Oui, je parle français.

2) Tu parles japonais ?
   Non, je ne parle pas japonais.

② 学んでいる事を言う

1) Vous étudiez la sociologie ?
   Oui, j'étudie la sociologie.

2) Tu étudies la chimie ?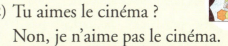
   Non, je n'étudie pas la chimie.

③ 好みを言う

1) Vous aimez la musique ?
   Oui, j'aime la musique.

2) Tu aimes le cinéma ?
   Non, je n'aime pas le cinéma.

④ 住んでいる所を言う

1) Vous habitez à Paris ?
   Oui, j'habite à Paris.

2) Tu habites où ?
   J'habite à Lyon.

VOCABULAIRE

言 語

le japonais	le français	le chinois	l'anglais	l'allemand	l'italien

学 科

la sociologie	la littérature	le droit	l'histoire	la chimie	l'informatique

趣 味

la musique	le cinéma	la lecture	la danse	le football	le tennis	la natation

好 み

les chiens	les chats	les fleurs	les légumes	les fruits	les pizzas	les crêpes

GRAMMAIRE

❶ 第一群規則動詞：原形の語末のスペリングが　er で，全動詞の約90％を占めます．　　は語幹で変化しませんが，er は主語毎に規則的に変化します．

parl er　話す

je	parl e	nous	parl ons
tu	parl es	vous	parl ez
il	parl e	ils	parl ent

étudi er　勉強する

j'*	étudi e	nous étudi ons	
tu	étudi es	vous étudi ez	
il étudi e		ils étudi ent	

Tu parle chinois ?
— Oui, je parle chinois.

Vous étudiez l'histoire ?
— Oui, j'étudie l'histoire.　　* j' : エリズィオン

❷ 否定文：動詞を **ne, pas** ではさみ，母音字，無音の h で始まる動詞は **n', pas** になります．

je **ne** parle **pas**	nous **ne** parlons **pas**
tu **ne** parles **pas**	vous **ne** parlez **pas**
il **ne** parle **pas**	ils **ne** parlent **pas**

je **n'** étudie **pas**	nous **n'** étudions **pas**
tu **n'** étudies **pas**	vous **n'** étudiez **pas**
il **n'** étudie **pas**	ils **n'** étudient **pas**

Vous parlez anglais ?
— Non, je ne parle pas anglais.

Il étudie l'*infotmatitque ?　*n' : エリズィオン
— Non, il n'étudie pas l'informatitque.

❸ 定冠詞：限定，総称された名詞の前に付き，男性形，女性形，複数形の区別をします．

男性形 (*m.s.*)	女性形 (*f.s.*)	複数形 (*pl.*)
le (l')	la (l')	les

* l' : エリズィオン

le japonais,　la sociologie,　l'anglais,　l'histoire
◇ les mathématiques　数学は複数形
教科や趣味には定冠詞が付き，好き・嫌いを言う場合は，数えられる名詞には les が付きます．

❹ 動詞 aimer（〜が好き），habiter（〜に住む）

aim er

j'	aim e	nous aim ons	
tu	aim es	vous aim ez	
il aim e		ils aim ent	

habit er

j'	habit e	nous habit ons	
tu	habit es	vous habit ez	
il habit e		ils habit ent	

Vous aimez la musique ?
— Oui, j'aime la musique.
Tu aimes la lecture ?
— Non, je n'aime pas la lecture.

Vous habitez à* Versailles ?　* à : 〜に（前置詞）
— Oui, j'habite à Versailles.
Tu habites à Nice ?
— Non, je n'habite pas à Nice.

❺ 場所について聞く疑問詞 où ?（どこに？・どこで？）

Tu habites où ?　— J'habite à Tokyo.　　Vous étudiez où ?　— J'étudie à Paris.

◇ エリズィオン（母音字省略）：主語 je，否定文 ne... pas，定冠詞 le, la の後に母音字，無音の h で始まる詞が続く場合，エリズィオンされ，j', n'... pas, l' となります．

EXERCICES

I Écouter et Dire （聞き取り，言ってみましょう）

1. CDを聞き，男性形なら *m.* 女性形なら *f.* 複数形なら *pl.* を記入しましょう．

   1) _____ 2) _____ 3) _____ 4) _____ 5) _____

2. イラストに合う言語・学科を言ってみましょう．

   1) Je parle   2) Vous parlez   3) Nous parlons   4) Tu étudies   5) Elle étudie   6) Ils étudient

3. CDを聞き，聞こえた名詞に一致する絵を下から選びましょう．

   1) _____ 2) _____ 3) _____ 4) _____ 5) _____ 6) _____

   a)   b)   c)   d)   e)   f)

II Écrire （書く）

1. 次の動詞の変化を肯定形・否定形で書きましょう．

主語	chanter 歌う 肯定形	否定形	主語	écouter 聞く 肯定形	否定形
je			je		
tu			tu		
il			il		
nous			nous		
vous			vous		
ils			ils		

2. 指示に従って，正しいフランス語になるように単語を入れましょう．

   1) Tu _____ ?（フランス語）
      — Oui, _____ parle _____.

   2) _____ parlez _____ ?（英語）
      — Non, _____.

   3) Daniel étudie _____ ?（化学）
      — Oui, _____.

   4) _____ étudiez _____ ?（歴史）
      — Non, nous _____.

   5) Vous _____ musique ?
      — Oui, _____.

   6) _____ aimes _____ ?（犬）
      — Non, _____.

   7) Eric et Marie _____ à Paris ?
      — Oui, ils _____.

   8) _____ habitez _____ ?
      — _____ habite _____ Lyon.

Dialogue 3 友達を紹介する

Anaïs は Daniel に友人の Taro を紹介します

Anaïs : Daniel, c'est Taro*1. Il est japonais. Il parle bien français.
Daniel : Bonjour, enchanté. Je parle un peu japonais.
　　　　 J'aime le Japon. J'étudie l'économie. Et toi ?
Taro : Enchanté. Moi, j'étudie l'histoire.
Daniel : Ah bon ! Tu habites où ?
Taro : J'habite à Versailles.
Anaïs : Daniel aime beaucoup*2 le judo. Et toi ?
Taro : J'aime le baseball. Et toi ?
Anaïs : Moi, j'adore*3 la natation.
Daniel : Ah, nous sommes sportifs*4 !

Vocabulaire et Expression 単語と表現
*1　C'est 〜 ： こちらが〜です（人を紹介する時によく使います．）
*2　beaucoup ： とても〜（副詞・動詞の後ろに付きます．）
*3　j'adore ： 動詞 adorer（とても好き・aimer と同じように目的語に定冠詞が付きます．）
*4　sportif ： 形容詞（スポーツ好きな）

EXERCICES

1. Dialogue を聞き，Taro, Olivier, Anaïs について以下の表に記入して下さい．

	話す言語	学んでいる学科	好きなこと
Taro			
Anaïs			
Daniel			

2. Dialogue 3 を自分自身，または架空の人物に置き換えて，会話をしてみましょう．

PRONONCIATION [綴り字と発音]

oi [wa] : chinois　droit　histoire　toi　trois　Bonsoir
an, en [ã] : français　anglais　allemand　chanter　étudiant
　　　　　　　en France　lycéen　canadien
ture [ty:r] : littérature　lecture　culture
c, ç [s] : cinéma　français

Leçon 4 持ち物を言う・物を説明する

— EXPRESSION

① 持ち物を言う「〜を持っている」

1) Vous avez un stylo ?
   Oui, j'ai un stylo.

2) Tu as une gomme ?
   Non, je n'ai pas de gomme.

② 物について説明する「それは〜です」

1) Qu'est-ce que c'est ?
   C'est un vélo.

2) Qu'est-ce que c'est ?
   Ce sont des chaises.

③ 物について説明する「〜に〜があります」

1) Il y a un portable dans le sac ?
   Oui, il y a un portable dans le sac.
   Non, il n'y a pas de portable dans le sac.

VOCABULAIRE

色々な名詞

 un livre
 un crayon
 un cahier
 une gomme
 une trousse
un stylo

 un sac
 une clé
 un portable
 un ordinateur
 un journal
 un cadeau

 une maison
 une table
 une chaise
 un vélo
 une voiture
 un arbre

唯一物

 le soleil
 la lune
 le ciel
 la terre
 la mer

場所の前置詞

 derrière
 dans
 devant
 sur
 sous

GRAMMAIRE

❶ 動詞　avoir「〜を持っている」

肯定形

j'ai	nous‿avons
tu as	vous‿avez
il‿a	ils‿ont

否定形

je n'ai pas	nous n'avons pas
tu n'as pas	vous n'avez pas
il n'a pas	ils n'ont pas

❷ 否定文の de：否定文の場合，直接目的語に付く<u>不定冠詞</u>は de になり，母音字，無音の h で始まる名詞の前ではエリズィオンして d' となります．

1) J'ai un crayon. → Je n'ai pas **de** crayon.
2) Elle a un oiseau. → Elle n'a pas **d'**oiseau*.　　＊ un oiseau

❸ 疑問文の形

1) Vous avez un stylo ? ↗　　　語末のイントネーションを上げる　　会話でよく使います．
2) **Est-ce que** vous avez un sac ?　　文頭に **Est-ce que** を付ける
3) **Avez -** vous un stylo ?　　主語と動詞を倒置する
   ◇ A-**t**-il un cahier ?　　主語が il，elle で動詞の語末が母音字の場合，
   　 Parle-**t**-elle anglais ?　　動詞と主語の間に -**t**- を入れる
4) Vous **n'**avez **pas** de stylo ?　　**Si**, j'ai un stylo.　**Non**, je n'ai pas de stylo.
   （否定疑問文）

❹ Qu'est-ce que c'est ?「それは何ですか？」

Qu'est-ce que：文頭に付く，「何？」という疑問代名詞です．
c', ce は指示代名詞で，c' は動詞が est なのでエリズィオンされています．

C'est +　　単数名詞　　　C'est un vélo. / C'est une maison.「それは自転車 / 家です」

Ce sont +複数名詞　　　Ce sont des chaises.「それらは椅子です」

◇ 名詞の特殊な複数形　　un journ**al** → des journ**aux**　　un cad**eau** → des cad**eaux**

❺ 不定冠詞と定冠詞の使い分け：定冠詞は特定された名詞の前に付き，また唯一物にも付きます．

C'est un portable.　　　C'est le portable de Paul.　　　C'est la mer.

❻ Il y a ＋名詞＋前置詞「〜に〜がある」/ Il n' y a pas de*‥‥‥「〜がない」

Il y a un chat derière le panier.　　　Il n' y a pas **de*** vélo.
Il y a un chat dans le panier.　　　　Il n' y a pas **d'***arbre.
Il y a un chat devant le panier.　　　Il n' y a pas **de** portable dans le sac.
Il y a un chat sur la chaise.
Il y a un chat sous la table.　　　　　＊ de, d'は否定文の de です．

EXERCICES

I Écouter et Dire （聞き取り，言ってみましょう）

1. CD を聞き，ふさわしいイラストの記号を記入しましょう．

   1) _____ 2) _____ 3) _____ 4) _____ 5) _____ 6) _____

   a)   b)   c)   d)   e)   f)

2. イラストの名詞に不定冠詞を付けて言ってみましょう．

   1) J'ai   2) Vous avez   3) Nous avons   4) Tu as   5) Elle a   6) Ils ont

3. 例にならって，ペアになり質問し答えましょう．

   例） Qu'est-ce que c'est ?　— C'est une trousse.

   1)   2)   3)   4)   5)   6)   7)

4. CD を聞きふさわしい絵を選びましょう．

   1) _____ 2) _____ 3) _____ 4) _____ 5) _____

   a)   b)   c)   d)   e)

II Écrire （書く）

1. 次の質問に否定形で答えましょう．

   1) Tu as une clé ?
      — Non, _____

   2) Pierre et Isabelle ont des chiens ?
      — Non, _____

   3) Etes-vous chinois ?
      — Non, _____

   4) Est-ce qu'elle aime la danse ?
      — Non, _____

2. 指示に従って，正しいフランス語になるように単語を入れましょう．

   1) Vous _____ ? （かばん）
      — Oui, _____ ai

   2) Est-ce que _____ as _____ ? （筆箱）
      — Non, _____

   3) _____ ils ont _____ ? （犬）
      — Oui, _____

   4) Tu n'as pas _____ ? （ノート）
      — Si _____

   5) C'est _____ ? （本）
      — Oui, _____

   6) Ce sont _____ ? （椅子）
      — Non, _____

   7) Il y a _____ journaux _____ la table ? （上に）
      — Oui, _____

25

Dialogue 4 ペン持っている？

» Dans la classe, Eric cherche*1 un stylo.

Eric　: Zut*2, il n'y a pas de stylo dans ma trousse.
　　　　Pardon*3, Anne, tu as un stylo ?
Anne : Oui. Tiens*4, voilà.
Eric　: Merci beaucoup.
Anne : Je t'en prie*5.
Eric　: Est-ce que tu as aussi une gomme ?
Anne : Oui, j'ai une gomme. Tu as un cahier ?
Eric　: Oui, j'ai un cahier.

Vocabulaire et Expression　単語と表現
*1　cherche :　　　動詞 chercher　探す
*2　Zut :　　　　　ちぇっ，しまった　（失敗した時に思わず出る言葉）
*3　Pardon :　　　ごめんなさい　　*4　Tiens :　ほら
*5　Je t'en prie :　どういたしまして（親しい）　Je vous en prie（ていねい）

EXERCICES

1. Dialogue 4 を聞き，エリックとアンヌが持っている物には○，持っていない物には × を記入しましょう．

	une trousse	une gomme	un cahier
Eric			
Anne			

2. Dialogue 4 をペアになり会話をしてみましょう．

PRONONCIATION [綴り字と発音]

on [ɔ̃] : av**on**s　**on**t　cray**on**　b**on**jour　**on**ze　　　　eau ⎫ [o] : cad**eau**　ois**eau**
l　[l] : journa**l**　cie**l**　i**l**　Pau**l**　　　　　　　　　　　au　⎭　　　 journ**aux**
y　[i] : st**y**lo　il **y** a　l**y**céen　　　　　　　　　　　　c　[k] : sa**c**　**c**adeau
un [ɛ̃] : **un**

Leçon 5 — 人について聞く・説明する

EXPRESSION

① 人について聞く「誰ですか？」

1) Qui est-ce ?
   C'est mon frère.

2) Qui est-ce ?
   Ce sont mes parents.

② 年齢を聞く「何歳ですか？」

1) Vous avez quel âge ?
   J'ai dix-sept ans.

2) Tu as quel âge ?
   J'ai huit ans.

③ 人について説明する「彼・彼女はどんな人？」

1) Il / elle est comment ?
   Il est amusant.
   Elle est douce.

2) C'est un professeur intelligent.
   Ce sont de jeunes étudiants.

VOCABULAIRE

家族

les grands-parents

le grand-père　la grand-mère

les parents

le père　la mère

les enfants

le frère　la sœur　moi

l'oncle　la tante　　le cousin　la cousine

形容詞

原則		小さい	大きい	知的な	意地悪な	面白い
	m. (pl.)	petit(s)	grand(s)	intelligent(s)	méchant(s)	amusant(s)
	f. (pl.)	petite(s)	grande(s)	intelligente(s)	méchante(s)	amusante(s)
男女同形		やせている	内気な	厳しい	若い	感じが良い
	m. (pl.)	mince(s)	timide(s)	sévère(s)	jeune(s)	sympathique(s)
	f. (pl.)	mince(s)	timide(s)	sévère(s)	jeune(s)	sympathique(s)
その他		太っている	スポーツ好きな	親切な	年取った	優しい
	m. (pl.)	gros	sportif(s)	gentil(s)	vieux	doux
	f. (pl.)	grosse(s)	sportive(s)	gentille(s)	vieille(s)	douce(s)

GRAMMAIRE

① 人について聞く　疑問代名詞　Qui「誰？　誰が？」

Qui est-ce ?　　　　　Qui parle français ?　　　　Qui aime la musique ?
— C'est mon frère.　— Taro parle français.　　— Sylvie aime la musique.

② 所有形容詞：所有形容詞は所有者の性・数ではなく，係る名詞の性・数に一致します．

	m.	f.	pl.		m.	f.	pl.
私の	mon	ma (mon)*	mes	我々の	notre	notre	nos
君の	ton	ta (ton)*	tes	あなた（方）の	votre	votre	vos
彼/彼女の	son	sa (son)*	ses	彼ら/彼女らの	leur	leur	leurs

C'est mon frère.　　Ce sont mes frères.　　C'est ma sœur.　　Ce sont mes sœurs.
C'est ta gomme.　　Ce sont tes gommes.　　C'est ton stylo.　　Ce sont tes stylos.

* 女性形の名詞で母音，無音の h で始まる名詞は男性形になります．mon amie, ton amie, son amie

③ quel âge ?「何歳？」：quel は疑問形容詞，avoir 動詞で年齢「〜歳です」を表現します．

Tu as quel âge ?　　　　— J'ai dix-sept ans.
Vous avez quel âge ?　　— J'ai vint-cinq ans.
Il a quel âge ?　　　　　— Il a seize ans.

◇「〜歳」は数字と an は発音がつながり，2歳以上は s をプラスし ans となります．
1歳 un an　　　4歳 quatre ans　　7歳 sept ans　　10歳 dix ans
2歳 deux ans　5歳 cinq ans　　　8歳 huit ans
3歳 trois ans　6歳 six ans　　　　9歳 neuf ans　　*neuf ans は f を [v] と発音します．

④ 形容詞の女性形と複数形：主語が女性の場合は原則的に男性形容詞に "**e**" をプラスします．
　　　　　　　　　　　　主語が複数の場合は形容詞の最後に "**s**" をプラスします．

Il est petit. → Elle est petit**e**.　　Ils sont petit**s**. → Elles sont petit**es**.
Son père est gentil. → Sa mère est genti**lle**.　　Ses parents sont gentil**s**.

⑤ 形容詞の位置：フランス語では形容詞は原則的に名詞の後に付きますが，日常的に良く使う，短いものは名詞の前に付きます．

C'est un professeur intelligent.　　　　Il habite dans une **petite** maison.
Ce sont de* **jeunes** étudiants.　　　　Elle a un **grand** sac.
J'ai de* **vieux** livres.　　　　　　　　Ils ont des enfants gentils.

* 形容詞が複数名詞の前に付く場合，不定冠詞 des は de に変わります．

EXERCICES

I Écouter et Dire （聞き取り，言ってみましょう）

1. 指示に従い，イラストにふさわしい所有形容詞を入れて言いましょう．

   1) 私の 2) 彼の 3) 彼女の 4) 彼の 5) あなたの 6) 彼らの

   7) 私の 8) 私達の 9) あなたの 10) 彼女の 11) 君の 12) 彼女達の

2. CD を聞き，聞き取れた年齢を記入しましょう．

   1) _____歳 2) _____歳 3) _____歳 4) _____歳 5) _____歳 6) _____歳

3. CD を聞き，形容詞が男性形なら *m*. 女性形なら *f*. 男女同形なら *mf.* を記入しましょう．

   1) _____ 2) _____ 3) _____ 4) _____ 5) _____ 6) _____

4. CD を聞き，ふさわしいイラストの記号を記入しましょう．

   1) _____ 2) _____ 3) _____ 4) _____ 5) _____ 6) _____

   a)   b)   c)   d)   e)   f)

II Écrire （書く）

1. 指示に従い，イラストにふさわしい単語と所有形容詞を入れましょう．

   1) 彼の 2) 彼女の 3) 彼らの 4) あなたの 5) 君達の

   C'est _____   C'est _____   Ce sont _____   C'est _____   Ce sont _____

2. 指示に従って，正しいフランス語になるように単語を入れましょう．

   1) _____ est-ce ?
      — C'est _____ （彼の姉）

   2) C'est _____ ? （あなたの車）
      — Oui, _____

   3) Ce sont _____ ? （君の両親）
      — Non, _____ （彼らの両親）

   4) Vous avez _____ ?
      — _____ （32歳）

   5) Ton frère, il _____ ?
      — _____ （16歳）

   6) Marie _____ ?
      — Elle _____ （やさしい）

   7) Ils sont _____ ? （面白い）
      — Oui, _____

   8) Il y a _____ maison ? （古い）
      — Non, _____

Dialogue 5 家族を紹介する

>> Léa montre*¹ une photo de sa famille à *² Marc.

Léa　: Ce sont mes parents. Mon père s'appelle Gérard.
　　　 Ma mère s'appelle Michelle.
Marc : Ils sont gentils ?
Léa　: Oui, mais ma mère est un peu sévère.
Marc : Ah bon*³. Ma mère, aussi.
　　　 Ils ont quel âge ?
Léa　: Mon père a cinquante-deux ans.
　　　 Ma mère a quarante-huit ans.
Marc : Et là, qui est-ce ?
Léa　: C'est ma sœur Anne. Elle a dix-neuf ans.
　　　 Elle aime les chats. Elle est douce et un peu timide.

Vocabulaire et Expression　単語と表現

*1　montre：動詞　montrer（見せる，示す）　　*2　à：前置詞　〜に　　*3　Ah bon：あぁ，そう

数	30 trente	40 quarante	50 cinquante	60 soixante
	31 trente et un	41 quarante et un	51 cinquante et un	61 soixante et un
	32 trente-deux	42 quarante-deux	52 cinquante-deux	62 soixante-deux

EXERCICES

1. Dialogue 5 を聞き，レアの家族について以下の表に記入しましょう．

	父	母	姉
年齢			
性格			

2. Dialogue 5 をペアになり会話してみましょう．

PRONONCIATION [綴り字と発音]

è　　　　　[ɛ]　: mère père frère sévère　　　　f　　[f]　: sportif neuf
œu, eu [œ]　: sœur leur jeune　　　　　　　　　 ille [ij]　: famille fille
in, ym [ɛ̃]　: intelligent mince sympathique

Leçon 6 食べる物・飲む物を言う

EXPRESSION

① manger「食べる」・boire「飲む」

1) Vous mangez du poisson ?
   Oui, je mange du poisson.
   Non, je ne mange pas de poisson.

2) Tu bois du café ?
   Oui, je bois du café.
   Non, je ne bois pas de café.

② prendre「食べる・飲む」

1) Vous prenez de la salade ?
   Oui, je prends de la salade.

2) Tu prends de la bière ?
   Non, je ne prends pas de bière.

③ 食べる物・飲む物を聞く

1) Qu'est-ce que vous prenez au petit déjeuner ?
   Je prends du pain et du thé.

2) Qu'est-ce que tu prends comme boisson ?
   Je prends de l'eau minérale.

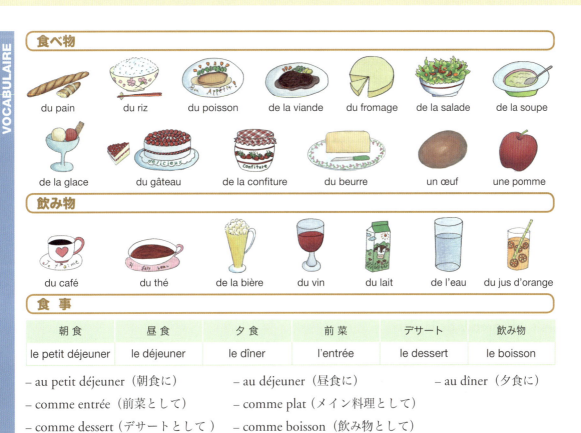

VOCABULAIRE

食べ物: du pain / du riz / du poisson / de la viande / du fromage / de la salade / de la soupe / de la glace / du gâteau / de la confiture / du beurre / un œuf / une pomme

飲み物: du café / du thé / de la bière / du vin / du lait / de l'eau / du jus d'orange

食事:

朝食	昼食	夕食	前菜	デザート	飲み物
le petit déjeuner	le déjeuner	le dîner	l'entrée	le dessert	le boisson

– au petit déjeuner（朝食に）　– au déjeuner（昼食に）　– au dîner（夕食に）
– comme entrée（前菜として）　– comme plat（メイン料理として）
– comme dessert（デザートとして）　– comme boisson（飲み物として）

GRAMMAIRE

❶ 部分冠詞：数えられない名詞（食べ物・飲み物・抽象名詞）に付き，いくらかの分量を表します．

m.（男性形）	du (de l')	du fromage de la viande
f.（女性形）	de la (de l')	de l'eau（母音字・無音の h で始まる名詞）

◇ 数えられる名詞は une pomme, des légumes

❷ 動詞 manger 「～を食べる」

manger	
je mange	nous mang**e**ons *1
tu manges	vous mangez
il / elle mange	ils / elles mangent

Vous mangez du fromage ?
— Oui, nous mang**e**ons*1 du fromage.
Tu manges de la salade ?
— Non, je ne mange pas **de*** salade.
＊否定文の de

*1 第一群規則動詞で語末が □ger の動詞は主語 nous の変化が □eons になります．

❸ 不規則動詞 boire 「～を飲む」

boire	
je bois	nous buvons
tu bois	vous buvez
il / elle boit	ils / elles boivent

Vous buvez du café ?
— Oui, je bois du café.
Tu bois du jus d'orange ?
— Non, je ne bois pas **de*** jus d'orange.
＊否定文の de

❹ 不規則動詞 prendre 「食べる・飲む」

prendre	
je prends	nous prenons
tu prends	vous prenez
il / elle prend	ils / elles prennent

Vous prenez de la soupe ?
— Oui, je prends de la soupe.
Est-ce qu'il prend de la bière ?
— Non, il ne prend pas **de*** bière
＊否定文の de

◇ 否定文の de：否定文では目的語に付く<u>部分冠詞</u>は de になります．

❺ 目的語を聞く疑問代名詞 Qu'est-ce que ..... ? 「何を？」

Qu'est-ce que vous prenez au déjeuner ?
— Je prends souvent*1 un sandwich et du thé.
Qu'est-ce que tu prends au petit déjeuner ?
— Je prends toujours*2 du pain et du café au lait.
Qu'est-ce que tu prends comme dessert ?
— Je prends de la glace.

*1 souvent（たびたび），*2 toujours（いつも）：副詞は動詞の後に置きます．

EXERCICES

I Écouter et Dire （聞き取り，言ってみましょう）

1. CDを聞き，聞こえた部分冠詞を記入し，男性形なら *m.* 女性形なら *f.* を記入しましょう．

   1) _____ 2) _____ 3) _____ 4) _____ 5) _____

2. CDを聞き，ふさわしいイラストの記号を記入しましょう．

   1) _____ 2) _____ 3) _____ 4) _____ 5) _____ 6) _____

   a)   b)   c)   d)   e)   f)

3. イラストを見て言ってみましょう．

   1) Tu manges 2) Nous mangeons 3) Vous mangez 4) Je bois 5) Il boit 6) Elle mange

4. CDを聞き，ミッシェルが食べる物，飲む物を記入しましょう．

朝 食	昼 食	夕 食

II Écrire （書く）

1. 指示に従って，正しいフランス語になるように単語を入れましょう．

   1) _____ mangez _____ ? （米）
      — Oui, nous _____

   2) _____ vous _____ ? （ワイン）
      — Oui, _____

   3) Est-ce que tu _____ ? （魚）
      — Non, _____

   4) Elle _____ ? （水）
      — Non, _____

   5) _____ vous _____ ? （朝食に）
      — _____ （パンと紅茶）

   6) _____ prends _____ ? （夕食に）
      — _____ （サラダと肉）

   7) _____ ils _____ boisson ?
      — _____ （ワイン）

   8) Est-ce que _____ prends _____ comme _____ ? （アイスクリーム・デザートに）
      — Non, _____

Dialogue 6 学食での昼食

Rémi et Elsa prennent le déjeuner à la cantine*1.

Rémi : On*2 prend le déjeuner à la cantine.
Elsa : Oui, on y va*3.
Rémi : Comme entrée, je prends de la salade.
　　　　Et toi ? Q'est-ce que tu prends ?
Elsa : Je prends de la quiche*4. Et comme plat,
　　　　je prends du poisson, et je bois du thé.
Rémi : Moi, je mange de la viande, et je bois de l'eau.
　　　　Comme dessert, je mange de la glace.
R. et E. : Bon appétit !*5

Vocabulaire et Expression　単語と表現
*1 à la cantine : 学食で　　*2 On : 我々，人一般を表す主語，動詞は三人称単数の変化と同じです．
*3 on y va ! : 行きましょう！　　*4 quiche : キッシュ　　*5 bon appétit ! : いただきましょう！

EXERCICES

1. Dialogue 6 を聞き，レミとエルザが食べる物，飲む物を表に記入しましょう．

	前菜	メイン料理	デザート	飲み物
Rémi				
Elsa				

2. Dialogue 6 をペアになり会話をしてみましょう．

PRONONCIATION [綴り字と発音]

u　　　　　[y] : du　légume　jus d'orange　　　　î [i] : dîner
œu, eu　[œ] : œuf　sœur　neuf　déjeuner　　　g [g] : gâteau　glace
an, en　　[ɑ̃] : manger　viande　orange　prendre
in, ain　　[ɛ̃] : vin　vingt　mince　pain

Leçon 7 行き先を聞く・答える

EXPRESSION

① aller「〜へ行く」・venir「〜から来る」

1) Où allez-vous ?   Je vais à Paris.
2) Tu vas où ?   Je vais au café.
3) D'où venez-vous ? Je viens de Paris.
4) Tu viens d'où ?   Je viens de la gare.

② 移動手段「電車で行く・車で来る」

1) Vous allez à la gare comment ?
   Je vais à la gare à pied.

2) Tu viens à l'école comment ?
   Je viens à l'école en train.

③ 時間を聞く・言う「何時ですか？・何時に〜しますか？」

1) Quelle heure est-il ?
   Il est trois heures.

2) Tu vas à l'école à quelle heure ?
   Je vais à l'école à sept heures.

VOCABULAIRE

場所

le cinéma   le marché   la gare   la station   l'école   l'hôtel

国

le Japon   le Canada   la France   l'Angleterre   La Chine   Les États-Unis

移動手段

en train   en voiture   en bus   en vélo   en avion   à pied

GRAMMAIRE

❶ **動詞　aller「〜へ行く」/ 動詞　venir「来る」**

aller 〜へ行く	
je vais	nous allons
tu vas	vous allez
il va	ils vont

venir 来る	
je viens	nous venons
tu viens	vous venez
il vient	ils viennent

❷ **前置詞の縮約**：à, de は後にくる定冠詞 le, les と縮約されます．

à ＋場所　〜へ・〜に		de ＋場所　〜から・〜出身	
à ＋都市	à　Paris	de ＋都市	de Lyon
à ＋ le	**au**　cinéma	de ＋ le	**du** Japon
à ＋ la	à la　gare	de ＋ la	de la station
à ＋ les	**aux**　États-Unis	de ＋ les	**des** Philippines
à ＋ l'	à　l' école	de ＋ l'	de l' aéroport
en ＋女性の国名	en　France	de ＋女性の国名	de Chine

1) à ＋場所「〜へ・〜に」

　Je vais à Lyon.　Tu vas au marché / au Japon.　Il va à la station.　Vous allez à l'hôtel.
　Tu vas à l'école comment* ?　— Je vais à l'école en métro.
　　*comment ?　疑問副詞「どのように？」
　Vous allez en France comment ?　— Je vais en France en avion.

2) de ＋場所「〜から・〜出身」

　Vous venez de Nice.　Tu viens de l'école.　Je viens de la gare.　Elle vient de Chine.

❸ **Quelle heure est-il ?**「何時ですか？」　Il est trois heures.　「3時です．」

	〜時	〜分		〜時	〜分
1	une heure		7	sept heures	et demie
2	deux heures		8	huit heures	moins vingt
3	trois heures	cinq	9	neuf heures	moins dix
4	quatre heures	dix	10	dix heures	moins le quart
5	cinq heures	vingt	11	onze heures	
6	six heures	et quart	12	midi ☀ minuit ☾	

◇ 2時以降は heure に s を付けます．
◇ 数字と heure は発音がつながります．　* neuf heures は発音が［v］になります．
◇ Il est vingt heures trente.（公式な言い方）

❹ **…… à quelle heure ?**「何時に〜しますか？」

　Tu vas à l'école à quelle heure ?　　— Je vais à l'école à sept heures et demie.
　Elle prend le dîner à quelle heure ?　— Elle prend le dîner à huit heures.

EXERCICES

I Écouter et Dire （聞き取り，言ってみましょう）

1. イラストに合う「〜へ」，「〜から」にあたるフランス語を入れて言いましょう．

   1) Je vais 2) Tu vas 3) Il va 4) Vous venez 5) Elle vient 6) Ils viennent

2. CD を聞き，時間を記入しましょう．
   1) _____ 2) _____ 3) _____ 4) _____ 5) _____

3. 次の時間を言ってみましょう．
   1) 12：00   2) 9：30   3) 7：15   4) 13：05   5) 23：20   6) 19：40

4. CD を聞き，Gilles, Alice, Charles の行く所，交通手段，時間を下の表に記入しましょう．

	Gilles	Alice	Charles
行く場所			
交通手段			
時間			

II Écrire （書く）

1. （　）内に「〜へ」，「〜から」にあたるフランス語を入れましょう．

   1) Vous allez (   ) Canada.   4) Ils vont (   ) cinéma.
   2) Il va (   ) Chine.   5) Elle vient (   ) France.
   3) Tu vas (   ) États-Unis.   6) Je vient (   ) gare.

2. 指示に従って，正しいフランス語になるように単語を入れましょう．

   1) _____ allez _____ comment ?（駅に）   5) _____ ?
      — _____（徒歩で）   — Il est _____（5時15分）

   2) _____ vas à l'université _____（自転車で） 6) Le train arrive* _____

   3) Tu viens d'où ?   — _____
      — _____（空港から）   *arrive：〜に着く （15時10分に）

   4) D' où vient-elle ?   7) Elle _____ à l'école _____ ?
      — _____ Angleterre.   — _____
                                                                    （8時10分に）

37

Dialogue 7 — 映画へ行こう

» C'est dimanche. Didier téléphone à Alice.

Didier : Allo, c'est Alice ? C'est Didier.
Alice : Ah, salut, Didier. Ça va ?
Didier : Ça va, merci.
　　　　Qu'est-ce que tu fais*1 aujourd'hui*2 ?
Alice : Rien de spécial*3.
Didier : Je vais au cinéma. Tu viens avec moi ?
Alice : Oui, d'accord*4. On y va !
Didier : Il est deux heures maintenant. Alors, rendez-vous*5
　　　　à quatre heures devant le cinéma. Ça te va*6 ?
Alice : Pas de problème*7. À tout à l'heure*8.
Didier : À tout à l'heure.

Vocabulaire et Expression　単語と表現
*1　fais： 動詞 faire「〜する」cf) p.56　　*2　aujourd'hui： 今日　　*3　Rien de spécial： 特別な事はない
*4　d'accord： OK, 承知した　　*6　rendez-vous： 待ち合わせ　　*6　Ça te va ?： 君は大丈夫？
*7　Pas de problème： 問題ない　　*8　À tout à l'heure： また後で

EXERCICES

1. Dialogue 7 を聞き，以下の質問に答えましょう．

行　先	待ち合わせの時間	待ち合わせの場所

2. Dialogue 7 をペアになり会話をしてみましょう．

PRONONCIATION [綴り字と発音]

ch　　[ʃ]　：　**Ch**ine　**ch**inois　**ch**ien　**ch**imie
é　　 [e]　：　cin**é**ma　march**é**　**é**cole　m**é**tro　caf**é**
ture　[tyːr]：　voi**ture**　litté**ture**　lec**ture**　cul**ture**
tion　[sjɔ̃]：　sta**tion**　na**tion**　nata**tion**　　　　ph　[f]：　télé**ph**one　**ph**oto

CIVILISATION

フランス語圏　Francophonie

　フランス語は英語と同じように，世界の公用語です．

　国連をはじめ，多くの国際機関，オリンピックや様々な国際的なスポーツ競技大会では，英語と同様に公用語として使われています．

　フランスとその海外県（グァドループ・マルチニック等），海外領土（ニューカレドニア・ポリネシア），カナダのケベック州ではフランス語は母国語です．

　そしてスイス，ベルギーの一部，ルクセンブルグ，モナコ公国，ハイチ，アフリカ大陸のフランスの元植民地の国々ではフランス語を公用語としています．

　また北アフリカのアルジェリア，モロッコ，チュニジアでもフランス語は良く話されています．

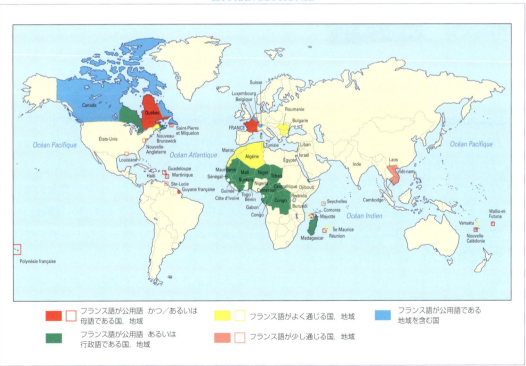

LA FRANCOPHONIE

フランスの学校制度

● フランスの学校

　フランスの義務教育は6歳から16歳までで，小学校は5年間（6歳～11歳），中学校は4年間（11歳～15歳），高校は3年間（15歳～18歳），大学は3年間（18歳～21歳・学士）です．また中学校卒業時に職業教育に進む道もあります．大学の他に，スペシャリストを育成する目的の Grandes Écoles（高等専門学校）と I.U.T.（工業技術短期大学）もあります．多くの学校は国立で，授業料は無償，非宗教である事が取り決められています．またカトリック系の私立の学校も一部あります．

　新学期は小学校から高校までは9月，大学以上は10月から始まります．フランスの学校はヴァカンス（1週間以上の休み）が多くありますが，一日の授業時間が長く，朝8時半から4時半まで授業があります．

● baccalauréat（バカロレア）

　baccalauréat（バカロレア）は頭文字を取って通称 BAC といわれている試験制度です．
　これはフランスの教育制度の中で1808年に制定され，高校卒業資格を取得する事と，大学，高等専門学校や I.U.T.（工業技術短期大学）への入学資格の取得という二つの意味があります．
　バカロレアには高校で学んできた分野により，一般バカロレア，技術バカロレア，職業教育バカロレアの3種類があります．バカロレア取得の試験は高校3年間の2年次に文学の試験があり，3年次の最後の学期に9～10教科の必修科目と選択科目の試験があり，マークシート方式ではなく，すべて筆記と口述試験です．
　試験科目の平均点が20点中10点以上であれば合格，20点中8点までは再試験のチャンスが与えられ，8点以下は落第になります．近年の合格率は約85.7％だそうです．
　フランスの高校生にとっては，どの分野の生徒にとっても合格する為には勉強を強いられる制度です．

フランス人と食事

● フランスの食習慣

朝食
Petit déjeuner

多くのフランス人はバゲット（フランスパン）に，バター，ジャム を付け，コーヒー，カフェオレ，紅茶，牛乳，ココアを朝食にとる事が多いです．

日本のように卵，ハムなどを食べる習慣はありません．

昼食
Déjeuner

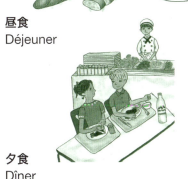

以前は昼食を家に帰って食べる習慣がありましたが，今は学校や職場の食堂，カフェテリアで食べる事が多いようです．

またカフェやレストランで食べる事もあります．

日本のようにお弁当を持って行く習慣はありません．

夕食
Dîner

多くは家に帰って食べます．夕食は家族が集まる大事な時間です．

● フランスの食事の出し方

　フランスでは家庭でもレストランでも料理を出す順番が決まっていて，前菜，主菜，デザートの順で食べます．軽い食べ物から始め，その後にメイン料理を食べます．料理を出す順番が決まっているのは，冷たい前菜は冷たく，温かい主菜は温かく食べる為でもあります．

　以下は良くフランスの家庭の食卓に出る主な料理です．

-Entrée（前菜）　　サラダ・キッシュ・パテ・スープ

-Plat（主菜）　　魚・肉（牛・仔牛・鶏・豚）料理

-fromage（チーズ）

-Dessert（デザート）　果物・アイスクリーム・シャーベット・タルト等

フランスの郷土料理

フランスは各地方で，その地方の特産物を用いる，豊かで独特な郷土料理があります．
それらの多くはフランスの家庭の食卓によく出され，食べられています．
キッシュ，ポトフ，ブイヤベース，クレープ，など日本でもおなじみの料理が沢山あります．

パリの歴史的建造物

　パリにはユネスコの世界遺産に指定された，数多くの歴史的建造物があります．
　中世から現代まで建てられた年代の異なる建物が今も残り，フランスの歴史の歩みを私たちに伝え続けています．
　パリの街は歴史的に大きく変化した時代がありました．それは19世紀後半に第2帝政を開始したナポレオン3世が，セーヌ県知事だったオスマンに命じて行った「パリ大改造計画」の実行でした．この計画の実現のおかげで，パリは新しい近代的な街に変わり，現在のパリが出来上ったのです．

- **ノートル・ダム寺院**：12～13世紀に建てられたカトリックの大聖堂．正面入口の彫刻や，内部のステンドグラスは聖書の物語を伝えています．ナポレオンの戴冠式が行われたり，ビクトール・ユーゴーの小説『ノートル・ダム・ド・パリ』の舞台としても有名です．パリから各地への距離を測る基点となる，ゼロ地点といわれる星形の印が正面入口前の広場にあります．

- **ルーブル美術館**：フランス革命後に美術館になる前は，歴代のフランス国王が住んでいた宮殿でした．古代から19世紀初めまでの各国の美術品等が展示されています．

- **オルセー美術館**：1900年のパリ万博に見物客を迎え入れる為に作られましたが，その後使われないままでした．しかし，1986年に美術館として生まれ変わりました．19世紀後半から20世紀初めの作品が展示されています．

- **ポンピドゥーセンター**：1977年にポンピドゥー大統領の命によって建てられた現代アートを展示している美術館があります．建物の水道管等の配管やエレベーター，エスカレーターがむき出しなユニークで色鮮やかな建物です．

- **凱旋門**：1806～1836年にかけナポレオン軍を称える為にシャンゼリゼの基点のシャルル・ドゥゴール広場に建てられた，高さ50m，巾45mの門．ナポレオン戦争，第一次世界大戦で亡くなった無名戦士の墓が地下にあります．

- **エッフェル塔**：フランス革命100年を記念する1889年のパリ万博の年にギュスターブ・エッフェルによって建てられました．建設当時はこの鉄の塔はパリの歴史的景観に合わないと批判されましたが，今はパリのシンボルとして親しまれ，年間700万人もの観光客を迎えています．

- **オペラ座**：1875年にシャルル・ガルニエの設計で建てられたナポレオン3世時代の荘厳なネオ・バロック様式の建物．1964年に劇場内部に描かれたシャガールの天井画が有名です．

- **新凱旋門**：パリの中ではなく，セーヌ川を越したデファンス地区に1989年に，フランス革命200年記念の建造物としてデンマークの建築家 J.O.Spreckelsen の設計で建てられました．建物の中には多くの企業のオフィスがあります．

フランス人と休暇

　フランスでは，現在，労働者が年間で5週間のバカンスを取ることが法律で決められています．
　多くの人は7月〜8月にかけて3週間，冬に2週間のバカンスを取り，夏には海や山で過ごしたり，国外を旅行したり，冬にはスキーに出かけたりします．
　学校でも夏休みは7月〜8月の約2か月間，クリスマスと新年のバカンス，復活祭前後のバカンスなど国の祝日や行事をはさんでの10日〜2週間位のバカンスがあります．

フランスの住所の表記

　フランスの住所の表記は非常に規則正しく，わかりやすく作られています．
　すべての通りにある建物の壁に，通りの名前と番地が表示してあり，番地は道路の片方はすべて偶数番号で，もう片方はすべて奇数番号が表示されています．
　たとえば，22, rue Descartes，15, avenue de Victor Hugo，35, boulvard Haussmann のように，番地が先で，次にそれぞれの通りの名前が表記されます．
　通りの言い方で，一番多く使われるのは rue で，家並のある街路を指しています．
　avenue は街路樹のある広い通りで，歴史的建造物に通じている通りを意味しています．また boulevard は avenue と同様に街路樹がある広い通りで，かつての城壁の跡地に作られた通りです．
　目的地の番地と道路の名前があれば，地図を片手に道に迷う事はほとんどありません．

規則正しいパリの街並み

avenue　　　　　boulevard　　　　rue　　通りの名前の看板

フランスの行事と祝日

フランスではキリスト教（カトリック）に根ざした行事が行われる日の多くが祝日になっています．

Janvier　1月

- le 1er janvier : le jour de l'an, nouvel ans（元日）

　12月31日の夜から1月1日にかけてはRéveillon（レベイヨン）といって，家族や友人が集まり，にぎやかに夜遅くまで食事をして過ごします．休日は1日だけで，2日からは普段の仕事を始めます．

- le 6 janvier : Epiphanie エピファニー

　東方（オリエント）の3賢人が星の導きでキリストの誕生を知り，ベツレヘムへお祝いに来た日とされています．この日に "Galette des Rois"（王様のガレット）というお菓子を食べます．ガレットを切り分けた時に，お菓子の中に入れられた豆，または陶器製の小さな人形等が当たった男性はその日の王様，女性は王妃になります．

Févirier　2月

- le 2 février : La chandeleur ラ・シャンドゥルール

　キリストが誕生後初めて教会に奉献した日．この日は教会では信者がロウソクの火をともして行列をし，この火を消さずに家に持ち帰ると，良い事があるとされています．今ではこの日にクレープを作る習慣があります．右手でコインを握り，フライパンで最初に焼いたクレープを空中に投げ，同じフライパンで受け止められると，この年は幸せに暮らせるといわれています．

- le 14 février : La Saint Valentin ラ・サン・ヴァランタン（バレンタインデー）

　愛の守護神，聖バレンタインの日です．この日に愛のメッセージを書いた手紙を添えて，プレゼントやお花を交換し合う習慣があります．

Mars　3月

- Pâques（復活祭）

　春分の日の後の最初の満月の次の日曜日とされている移動祝祭日．子供たちは庭に隠された卵を探して遊びます．お菓子屋では生命の象徴を表す卵やウサギの形のチョコレートが売られます．

　3月末にはサマータイムが始まり，時計を1時間早めます．

Avril　4月

- le 1er avril : Poisson d'avril（エイプリル・フール）

　かつて，この日に時代遅れの習慣を持つ人達をからかっていた事から，他愛のないウソをつき合う習慣ができたそうです．

　今はこの日に，テレビのニュース放送でわざとウソをいって人々をからかったり，学校や職場で，魚の絵を先生や仲間の背中に張り付けて楽しむ習慣があります．

45

Mai　5月

- le 1er mai：（メーデー）　労働者の祭典の日
  スズランの日：この日にスズランの花束を贈られた人には幸運がやって来るという言い伝えがあり，町中にスズランを売る人が出て，人々はスズランを贈り合います．
- le 8 mai：Armitice 1945（第2次世界大戦終戦記念日）
- Ascension（キリスト昇天祭）復活祭の40日後に行われます．
- カンヌ国際映画祭
  世界的な映画祭の1つで，最優秀賞受賞作品にはパルム・ドール賞が与えられます．
- La fête des mères（母の日）
  5月の最終日曜日．お母さんに感謝を込めて，手紙や贈り物をします．

Juin　6月

- le 21 juin：- Solstice（夏至）　- La fête de la musique（音楽祭）
  フランス中で，プロ・アマチュアがこぞって音楽の演奏を楽しむ日です．
- La fête des pères（父の日）第3日曜日
- Baccalouêat (BAC)
  高校2・3年生が受ける卒業試験と大学入学資格試験

Juillet　7月

- le 14 juillet：La Fête nationale（革命記念日）
  フランス革命を記念するフランス最大の祭典．各地で様々な祝いのイベントが行われます．
- Vacances 夏休み：多くの人々が2～3週間の休みを取り，海や山へ出かけ始めます．

Août　8月

- le 15 août：Assomption（聖母被昇天）
  聖母マリアが亡くなり，天に召された日．

Septembre　9月

- Rentrée 新学期：バカンスが終わり，学校の新学期が始まります．
  ぶどうの収穫とワイン作り．

Octobre　10月

- サマータイム終了．時計を1時間遅らせます．

Novembre　11月

- le 1er novembre：Toussaint（諸聖人の日）
  多くの人々が菊の花束を持って，先祖供養の為にお墓参りに行きます．

Décembre　12月

- le 25 décembre：Noêl（クリスマス）
  キリストの生誕を祝う，フランス人にとっては革命記念日の次に大事な祝日です．
  この日の為に何日も前から家の中を美しく飾ったり，ご馳走を準備し，24日から25日にかけて，家族や親せきで真夜中まで祝うクリスマスのレベイヨン（Réveillon）を過ごします．

Leçon 8 行きたい場所を聞く

EXPRESSION

① 場所を聞く「～はどこですか？」

1) Où est le musée, s'il vous plaît ?
   Le musée est à côté de la mairie.
   Allez tout droit, et tournez à droite.

2) Pour aller au parc ?
   Il faut prendre le bus.

② 代名詞を使って場所を言う「そこへ行く」

1) Vous allez à Paris ?
   Oui, j'y vais.
   Non, je n'y vais pas.

2) Tu vas au café avec moi ?
   Oui, j'y vais avec toi.
   Non, je n'y vais pas avec toi.

③ 天気を言う「今日はどんな天気ですか？」

1) Quel temps fait-il aujourd'hui ? Il fait beau. Il pleut.

VOCABULAIRE

場所

 le supermarché
 le grand magasin
 le musée
 le théâtre
 la bibliothèque

 la poste
 la banque
 la mairie
 la place
 le parc
 la rue

位置の前置詞

 à droite
 à gauche
 à côté de
 en face de
 entre A et B

天気

 Il fait beau.
 Il fait froid.
 Il fait chaud.
 Il fait doux.
 Il pleut.
 Il neige.

 Il y a des nuages.
 Il y a du vent.
 Il y a un orage.
 Il y a un typhon.
 Il y a un arc-en-ciel.

GRAMMAIRE

❶ **命令形**：tu, nous, vous の主語を除いた活用形
　　　* aller と第一群規則動詞は tu の活用の s を取ります．

prendre	aller	tourner（曲がる）
prends	va*	tourne*
prenons	allons	tournons
prenez	allez	tournez

Prenez la première*1 rue à droite.
「最初の通りを右に行って下さい」
Allez tout droit.「まっすぐに行ってください」
Continuez tout droit.
「ずっとまっすぐに行って下さい」
Tournez à gauche*2.「左に曲がって下さい」
Traversez la rue.「通りを渡って下さい」

*1 序数：第1番目の：premier, première　第2番目の：deuxième　第3番目の：troisième
　　第4番目の：quatrième　第5番目の：cinquième　第6番目の：sixième　第7番目の：septième
　　第8番目の：huitième　第9番目の：neuvième　第10番目の：dixième

*2 場所の前置詞：à côté de, en face de は後の名詞の性数により縮約されます．
　　à côté du musée, en face de la gare, en face de l'école

❷ **非人称表現**：非人称表現では主語は il を用います．
　1) **Il faut** ＋動詞原形　「～しなければなりません」
　　Il faut prendre*le métro. / le train / l'avion / le bateau.　　*prendre ＋乗り物「～に乗る」
　　Il faut aller à l'école à 7 heures.
　2) 天気は非人称で表現します．
　　Il fait beau. Il fait chaud. Il pleut. Il neige. Il y a des nuages.

❸ **中性代名詞　y「そこに」**：y は場所を表す前置詞（à, dans, chez）の代わりをします．
Vous allez à Paris ?　　　　　　　　　Il va au musée comment ?
— Oui, j'y vais.　— Non, je n'y vais pas.　— Il y va en métro.
Tu es en France ?　　　　　　　　　　Ils vont chez* lui comment ?　*chez ～の家に
— Oui, j'y suis.　— Non, je n'y suis pas.　— Ils y vont en voiture.

❹ **人称代名詞の強制形**

主語	je	tu	il	elle	nous	vous	ils	elles
強制形	**moi**	**toi**	**lui**	**elle**	**nous**	**vous**	**eux**	**elles**

強制形は以下のように使われます．
　1) 文頭で強調する　　Moi, je prends du café.
　2) Et, C'est ～の後　Je m'appelle Luc, et toi ?　　C'est moi.
　3) aussi と共に　　　Elle aussi, elle parle français.「～も」
　4) 前置詞と共に　　　Je vais au café avec lui.「彼と一緒に」
　　　　　　　　　　　Il va chez vous.「あなたの家に」

EXERCICES

I Écouter et Dire （聞き取り，言ってみましょう）

1. CD を聞き，ふさわしいイラストの記号を入れましょう．

   1) _____ 2) _____ 3) _____ 4) _____

   a)   b)   c)   d)

2. CD を聞き，建物のある位置をイラストから選び，記号を入れましょう．

   1) _____ 2) _____ 3) _____

   a)   b)   c)

3. CD を聞き，道順の説明にふわさしいイラストの記号を入れましょう．

   1) _____ 2) _____ 3) _____ 4) _____

   a)   b)   c)   d)

4. CD を聞き，ふさわしいイラストの記号を書きましょう．

   1) _____ 2) _____ 3) _____ 4) _____ 5) _____

   a)   b)   c)   d)   e)

II Écrire （書く）

1. 質問に中性代名詞 y を用いて答えましょう．

   1) Tu vas à la poste ?   2) Vous allez au parc ?   3) Ils vont au musée ?

   — Oui,   — Non,   — Oui,

2. 指示に従って，正しいフランス語になるように単語を入れましょう．

   1) _____ est _____ ?（市役所は？）   4) _____ vas _____ château ?
      — _____（郵便局の近くです）   — Oui, _____

   2) Pour _____ ?（劇場に行くには？）   5) _____ vont _____ ?（劇場へ）
      — Il faut _____（電車で）   — Non, _____

   3) Pour _____ ?（公園に行くには？）   6) _____ ?
      — Allez _____（まっすぐに行って，   — Il _____（晴れです）
      通りを渡って下さい）   — Il _____（雨です）
      _____

49

Dialogue 8 お城に行きたいのですが

>> Yuki demande à une dame comment aller au château.

Yuki : Pardon, madame. Où est le château, s'il vous plaît.
Une dame : C'est un peu loin. Mais il fait beau aujourd'hui, ça va aller*1. Alors*2, allez tout droit, et prenez la deuxième rue à droite. Il faut continuer dans cette*3 rue et traverser le pont.
Il y a un parc, et le château est à côté du parc.
Yuki : Tout droit et la deuxième rue à droite. Ensuite, traverser le pont, et le château est à côté du parc. Merci, Madame.
Une dame : Je vous en prie. Au revoir, bonne journée.

Vocabulaire et Expression 単語と表現
*1 ça va aller : 大丈夫でしょう　　*2 Alors : では，さて（話題を変える時に言う）
*3 cette rue : この道　cette は指示形容詞

指示形容詞 「この，その，あの〜」：名詞に係り，係る名詞の性数に一致します．

m.	f.	pl.
ce (cet)*	cette	ces

Ce gâteau est bon.　　　　Je prends cet* avion.
Ces étudiants sont gentils.　Elle habite dans cette maison.
*cet は母音字，h で始まる男性名詞の場合に使います．

EXERCICES

1. Dialogue 8 を聞き，お城へ行く道順を書きましょう．

2. Dialogue 8 をペアになり会話をしてみましょう．

PRONONCIATION [綴り字と発音]

qu [k] : bibliothèque　banque　　　　　en [ɑ̃] : en train　comment
ai, è [ɛ] : fait　mairie　deuxième　bibliothèque　　th [t] : théâtre　bibliothèque

Leçon 9 日程について話す

EXPRESSION

① 曜日・日付を言う「何曜日・何日ですか？」

1) C'est quel jour aujourd'hui ?
   C'est samedi.

2) C'est quelle date aujourd'hui ?
   C'est le 14 juillet.

② finir「〜を終わる」

1) Vous finissez votre travail à quelle heure ?
   Je finis mon travail à 17 heures.

2) Tu finis tes devoirs quand ?
   Je finis mes devoirs lundi.

③ 数量を聞く「いくつの〜？」

1) Vous avez des frères ?
   Oui, j'en ai deux.

2) Tu as combien de sœurs ?
   J'en ai une.

④ 感想や印象を言う

1) Paris, c'est beau.

2) Voyager, c'est intéressant.

VOCABULAIRE

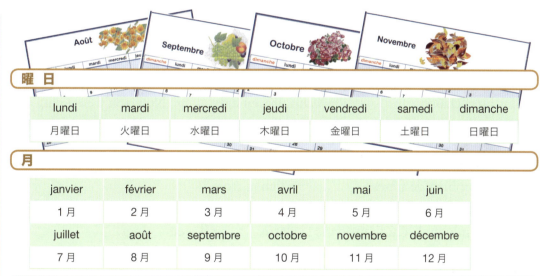

曜日

lundi	mardi	mercredi	jeudi	vendredi	samedi	dimanche
月曜日	火曜日	水曜日	木曜日	金曜日	土曜日	日曜日

月

janvier	février	mars	avril	mai	juin
1月	2月	3月	4月	5月	6月
juillet	août	septembre	octobre	novembre	décembre
7月	8月	9月	10月	11月	12月

感想を表す形容詞

beau	bon	cher	difficile	facile
美しい	美味しい	高い	難しい	易しい
intéressant	nécessaire	important	agréable	magnifique
興味深い	必要な	大事な	心地良い	見事な

51

GRAMMAIRE

❶ 疑問形容詞　quel「何？　どんな？　どの？」：quel は係る名詞の性数に一致します．

	s.	pl.
m.	quel	quels
f.	quelle	quelles

C'est quel jour aujourd'hui ?　— C'est dimanche.
C'est quelle date aujourd'hui ?　— C'est le 15 avril.
Tu as quel âge ?　— J'ai 20 ans.
Quel temps fait-il aujourd'hui ?— Il fait beau.
Tu viens ici à quelle heure ?
— Je viens à 8 heures.

❷ ir 動詞（第2群規則動詞）　原形のスペリングが ■ir で終わり，語幹■ は変化しませんが，ir は主語毎に規則的に変化します．

finir　～を終える

je finis	nous finissons
tu finis	vous finissez
il finit	ils finissent

Je finis le dîner à 8 heures.
Il finit les cours* à 4 heures et demie.
*cours 授業
Les examens* finissent vendredi.
*examens 試験
Le concert finit à 21 heures.

❸ 疑問副詞　quand ?「いつ？」

Vous allez en France quand ?　— J'y vais en juillet.
Quand est-ce que tu vas au cinéma ?　— J'y vais samedi.
Les vacances* finissent quand ?　— Elles finissent dimanche. *Les vacances ヴァカンス
C'est quand ton anniversaire ?　— C'est le 18 mai.

❹ 中性代名詞　en：en は不定冠詞，部分冠詞が付く名詞に対し，繰り返しをさける為の代名詞，動詞の前に置，量・数は動詞の後に付け加えます．

Tu as des vélos ?　— Oui, j'en ai deux.　— Non, je n'en ai pas.
Il y a des chaises ?　— Oui, il y en a dix.　— Non, il n'y en a pas.
Vous mangez du fromage ?　— Oui, j'en mange　— Non, je n'en mange pas.

❺ combien de ＋無冠詞名詞「いくつの ～？」

Tu as combien de frères?　— J'en ai trois.
Vous avez combien d'*enfants ?　— J'en ai deux. *d' 後の名詞が母音字の為エリズィオンします．
Il y a combien d'*étudiants dans la classe?　— Il y en a vingt.

❻ c'est ＋形容詞：感想や印象を表現できます．

La mer, c'est agréable.　　Étudier, c'est important.
Le gâteau, c'est bon.　　Pour aller au parc, c'est facile.

EXERCICES

I Écouter et Dire （聞き取り，言ってみましょう）

1. フランス語の曜日と月を CD で聞き，日本語の意味を記入しましょう．

   1) _____ 2) _____ 3) _____ 4) _____ 5) _____ 6) _____

2. CD を聞き，聞き取れた日付を記入しましょう．

   1) ___月___日 2) ___月___日 3) ___月___日 4) ___月___日 5) ___月___日 6) ___月___日

3. CD を聞き，中性代名詞 en の示すものを日本語で書きましょう．

   1) _____ 2) _____ 3) _____ 4) _____ 5) _____

II Écrire （書く）

1. 次の動詞の変化を書きましょう．

	choisir 選ぶ	grandir 大きくなる		réussir 成功する	réfléchir よく考える
je			je		
tu			tu		
il			il		
nous			nous		
vous			vous		
ils			ils		

2. 質問に中性代名詞 en を用いて答えましょう．

   1) Elle a combien de frères ?
      — _____ (2人)

   2) Il y a combien d'étudiants ?
      — _____ (25人)

   3) Vous mangez du fromage ?
      — Oui, _____

   4) Tu prends de la glace ?
      — Non, _____

3. 質問に対し，適当な形容詞を下から選び記入しましょう．

   1) Le film, c'est _____

   2) Les examens, c'est _____

   3) Écouter de la musique, c'est _____

   4) Les voitures BMW, c'est _____

   nécessaire, agréable, cher, intéressant

4. 指示に従って，正しいフランス語になるように単語を入れましょう．

   1) C'est _____ jour ?
      — _____ （月曜日）

   2) C'est _____ date ?
      — _____ （1月7日）

   3) _____ finis tes devoirs quand ?
      — _____ （日曜日）

   4) Elle va au théâtre _____ ?
      — _____ （5月13日）

53

Dialogue 9 来週は試験週間

>> Julien parle à Cécile.

Julien : Les examens commencent quand ?
Cécile : Ils commencent lundi prochain[*1],
et ils finissent vendredi.
Julien : Tu as combien d'examens lundi ?
Cécile : J'en ai deux. Le droit et la biologie.
Julien : Moi aussi, la physique et l'anglais.
Cécile : Moi, j'aime beaucoup la biologie, c'est intéressant.
Le droit, c'est difficile. Il faut bien réviser[*2].
Julien : Pour moi, la physique, c'est important. C'est ma spécialité[*3].
Cécile : Les examens, c'est difficile, mais c'est nécessaire.
Julien : Oui, c'est vrai. Alors, bon courage[*4] ! A lundi prochain.
Cécile : Merci, à toi aussi.

Vocabulaire et Expression　単語と表現
[*1]　luni prochain :　来週の月曜日
[*2]　réviser :　復習する　　[*3]　spécialité :　専門　　[*4]　bon courage ! :　頑張って !

EXERCICES

1. Dialogue 9 を聞き，以下の質問に答えましょう．

	試験科目とその印象
Julien	
Cécile	

2. Dialogue 8 をペアになり，会話をしてみましょう．

PRONONCIATION [綴り字と発音]

em, an [ã] : sept**em**bre,　nov**em**bre,　déc**em**bre,　qu**an**d,　dim**an**che
gn　　 [ɲ] : ma**gn**ifique
im, in [ɛ̃] : **im**portant,　**in**téressant

Leçon 10 これからする事・したばかりの事を言う

EXPRESSION

① これからする事を言う「〜するつもりです」

1) Vous allez voyager demain ?
   Oui, je vais voyager demain.
2) Tu vas aller au cinéma ce soir ?
   Non, je n'y vais pas ce soir.

② したばかりの事を言う「〜したところです」

1) Vous venez de rentrer ?
   Oui, je viens de rentrer.
2) Tu viens de dîner ?
   Oui, je viens de dîner.

③ 動詞 faire「〜をする」

1) Vous faites du tennis ?
   Oui, je fais du tennis.
2) Qu'est-ce que tu vas faire demain ?
   Je vais faire de la guitare.

④ 動詞 pouvoir「〜できる」

1) Vous pouvez arriver ici à dix heures ?
   Oui, je peux.
2) Tu peux venir au café ?
   Non, je ne peux pas.

⑤ 理由を聞く・答える

1) Pouquoi aimez-vous le sport ?   Parce que c'est agréable et intéressant.

VOCABULAIRE

時

demain	le matin	l'après-midi	le soir	la semaine	le mois	l'année
明日	朝	午後	夕方・夜	週	月	年

*prochain（次の）　la semaine prochaine（来週）　le mois prochain（来月）　l'année prochaine（来年）
　lundi prochain（来週の月曜日）　avril prochain（来月の4月）

季節

le printemps	l'été	l'automne	l'hiver
春	夏	秋	冬

動詞 faire の慣用表現

faire du tennis　　faire de la natation　　faire du piano　　faire de la guitare　　faire les courses

GRAMMAIRE

❶ 近接未来：aller ＋動詞原形「～するつもりです・予定です」
　　　　これからすぐにやる事や，かなり先の事も言えます．

Vous allez dîner au restaurant ce soir ?　— Oui, je vais y dîner ce soir.
Tu vas partir* demain matin ?　— Non, je ne vais pas partir demain matin.
Elle va voyager l'année prochaine ?　— Oui, elle va voyager l'année prochaine.
　* partir：出発する　p.60参照

❷ 近接過去：venir de (d') ＋動詞原形「～したばかりです・～したところです」
Vous venez de finir le travail ?　— Oui, je viens de finir le travail.
Elle vient de déjeuner ?　— Oui, elle vient de déjeuner.
Le train vient d'arriver* ?　— Oui, il vient d'arriver tout à l'heure*.
　　　　　　　　　　　　　　　　　　　　* arriver：着く
　　　　　　　　　　　　　　　　　　　　* tout à l'heure 先ほど

❸ 動詞 faire「～をする」　動詞 faire はよく使う熟語表現があります．

faire			
je	fais	nous	faisons*
tu	fais	vous	faites
il	fait	ils	font

* faison [fəzɔ̃]

Vous faites du tennis ?
— Oui, je fais du tennis.
Est-ce que tu fais du piano ?
— Non, je ne fais pas de piano.
Qu'est-ce que tu vas faire demain ?
— Je vais faire les courses.
Qu'est-ce que vous faites ?　— Je suis étudiant.

❹ 動詞 pouvoir ＋動詞原形「～できる」

pouvoir			
je	peux	nous	pouvons
tu	peux	vous	pouvez
il	peut	ils	peuvent

Tu peux rentrer à huit heures ce soir ?
— Oui, je peux rentrer à huit heures ce soir.
Pouvez-vous fermer la porte*1, s'il vous plaît ?
— Oui, d'accord.
Je peux parler à M. Dubois ?*2
— Oui, vous pouvez parler à M. Dubois.
　　*1 依頼「～していただけますか？」　*2 許可「～してよい」

❺ pourquoi ?「なぜ？」/ parce que .....「なぜならば～」
Pourquoi aimez-vous le vin ?　　— Parce que c'est bon.
Tu fais du sport pourquoi ?　　— Parce que c'est agréable et intéressant.
J'aime la peinture parce que* c'est beau.
　* A parce que B「BなのでAです」　parce que を接続詞として使います．

EXERCICES

I Écouter et Dire （聞き取り，言ってみましょう）

1. CDを聞き，現在の事であればp. これからする事であればf.p. を記入しましょう．
   * p. : présent　fp. : future proche

   1) _____　2) _____　3) _____　4) _____　5) _____

2. CDを聞き，現在の事であればp. 終わったばかりの事であればpp. を記入しましょう．
   * pp. : passé proche

   1) _____　2) _____　3) _____　4) _____　5) _____

3. 動詞 pouvoir を使って文を作り，意味を考えましょう．

   1) Je, aller au théâtre　2) Vous, fermer la fenêtre　3) Tu, regarder la télévision

4. CDの会話を聞いて，理由として正しい日本語に✓を入れましょう．

   1) □美しいので　　□大事なので　　2) □彼は勉強が好きなので　□彼は明日試験があるので
   3) □興味深いので　□心地良いので　4) □彼は海が嫌いなので　　□雨が降っているので

II Écrire （書く）

1. 以下の現在形の文を近接未来形にし，日本語の意味を書きましょう．

   1) Tu vas en Angleterre le mois prochain. → _____
   2) Il vient chez moi demain.　　　　　　 → _____
   3) J'ai vingt ans la semaine prochaine.　→ _____
   4) On fait les courses ce matin.　　　　 → _____

2. 以下の現在形の文を近接過去形にし，日本語の意味を書きましょう．

   1) Je bois du café.　　→ _____
   2) Il prend le train.　→ _____
   3) J'étudie le français. → _____

3. 以下の日本語をフランス語にしましょう．
   1) 彼女は明日の夜帰宅する予定です．→ _____
   2) 電車が駅に着いたところです．　　→ _____
   3) お話ししてもいいですか？　　　　→ _____
   4) 私は駅に3時に行けます．　　　　 → _____
   5) 君はなぜ映画が好きなの？　　　　→ _____
   　　― 興味深いから．　　　　　　　→ _____

57

もうすぐヴァカンス

  Les vacances vont bientôt*1 commencer. Laure parle avec son père.

Laure : On va aller où cette année ?
Père : On va aller en Bretagne*2.
　　　 Je viens de réserver*3 un hôtel.
Laure : Pourquoi en Bretagne ?
Père : Parce qu'il y a beaucoup de choses à voir,
　　　 et il fait frais*4 en été. *5
Laure : C'est vrai*5 ?
Père : Il y a la mer, des ports*6, des îles*8 et des bateaux*9.
Laure : On peut pêcher*10 ?
Père : Bien sûr ! On peut aussi prendre le bateau et on peut manger
　　　 des crêpes et du poisson très frais.
Laure : C'est super ! *11

Vocabulaire et Expression　単語と表現

*1　bientôt：もうすぐ　　*2　en Bretagne：ブルターニュで　*3　réserver：予約する
*4　frais：涼しい・新鮮な　*5　en été：夏に　*6　C'est vrai ?：本当？　*7　le port：港
*8　des îles：島　*9　des bateaux：船　*10　pêcher：釣りをする　*11　C'est super !：すごい！

EXERCICES

1. Dialogue 10 を聞き，以下の質問に答えましょう．

1) ヴァカンスで行く所は？	
2) そこに行く理由は？	
3) そこには何がありますか？	
4) そこでできる事は？	

2. Dialogue 10 をペアになり，会話をしてみましょう．

 PRONONCIATION [綴り字と発音]

é [e] : année, été,　　ain, in [ɛ̃] : demain, matin, printemps

Leçon 11 日常の生活を言う

EXPRESSION

① 日常の行動を言う

1) Vous vous levez tôt le matin ?
   Oui, je me lève tôt le matin.
2) Tu te couches tard le soir ?
   Non, je ne me couche pas tard le soir.

② partir「出発する」

1) Vous partez à quelle heure ?
   Je pars à 7 heures.
2) Tu sors souvent le dimanche ?
   Non, je ne sors pas souvent le dimanche.

③ lire「読む」

1) Lisez-vous « Le Monde » tous les jours ?
   Oui, je lis « Le Monde » tous les jours.
2) Tu lis souvent des mangas ? Non, je ne lis pas souvent de mangas.

VOCABULAIRE

代名動詞

se réveiller / se lever / se laver / se coucher / se promener / se dépêcher

日常の動作

prendre une douche / lire / écouter de la musique / regarder la télévision

partir / rentrer / sortir / rester / dormir

副詞

tôt	tard	toujours	souvent	de temps en temps
早く	遅く	いつも	しばしば	時々

その他

tous les jours	tous les matins	tous les soirs
毎日	毎朝	毎晩

GRAMMAIRE

❶ 代名動詞 se lever「起きる」 代名動詞は補語人称代名詞を前に置く動詞です．

se lever 肯定形		
je	me	lève
tu	te	lèves
il	se	lève
nous	nous	levons
vous	vous	levez
ils	se	lèvent

se lever 否定形			
je	ne me	lève	pas
tu	ne te	lèves	pas
il	ne se	lève	pas
nous	ne nous	levons	pas
vous	ne vous	levez	pas
ils	ne se	lèvent	pas

Tu te lèves à quelle heure ?
— Je me lève à 6 heures et demie.
Il se couche tard ?
— Non, il ne se couche pas tard.
Vous vous réveillez tôt ?
— Oui, je me réveille tôt.

Il est déjà 7 heures, dépêche-toi !
— Oui, d'accord. Je me dépêche.
Tu te promènes tous les jours ?
— Non, je ne me promène pas tous les jours.
Vous vous reposez* bien le dimanche ?
— Oui, je me repose bien le dimanche.

* se reposer「休息する」

❷ 動詞 partir「出発する」 sortir「出かける」も同じ活用です．

partir			
je pars	nous partons
tu pars	vous partez
il part	ils partent

Vous partez demain ? — Oui, je pars demain.
Le train part à quelle heure ?
— Il part à 13h 30.
Tu sors le week-end ?
— Non, je reste à la maison.
Ils sortent où samedi ?
— Ils sortent au concert.

❸ 動詞 lire「読む」

lire			
je lis	nous lisons
tu lis	vous lisez
il lit	ils lisent

Lisez-vous « Le Monde » tous les jours ?
— Oui, je lis « Le Monde » tous les jours.
Tu lis souvent des mangas ?
— Non, je ne lis pas souvent de mangas.

❹ 動詞 dormir「眠る」

dormir			
je dors	nous dormons
tu dors	vous dormez
il dort	ils dorment

Vous dormez bien tous les jours ?
— Oui, je dors bien tous les jours.
Tu aimes dormir ?
— Oui, j'aime bien dormir.

EXERCICES

I Écouter et Dire （聞き取り，言ってみましょう）

1. CDを聞き，ふさわしいイラストの記号を記入しましょう．

1) _____ 2) _____ 3) _____ 4) _____ 5) _____ 6) _____

a)　　　　b)　　　　c)　　　　d)　　　　e)　　　　f)

2. Chloé が一日の生活を言います．下の表に彼女の行動と時間を日本語で記入しましょう．

行動				
時間				

II Écrire （書く）

1. 以下の代名動詞の活用を肯定形・否定形で書きましょう．

se promener 散歩する（肯定形）	se promener 散歩する（否定形）
je	
tu	
il	
nous	
vous	
ils	

se coucher 寝る（肯定形）	se coucher 寝る（否定形）
je	
tu	
il	
nous	
vous	
ils	

2. 以下の質問にあなた自身の事を書きましょう．

　　1) Vous vous levez tôt le dimanche ?　→ _____
　　2) Vous vous promenez tous les matins ?　→ _____
　　3) Vous vous couchez à quelle heure ?　→ _____

Dialogue 11 私の一日の生活

Voici ma journée.　Léo が一日の生活を言います．

Je me réveille à 6 heures tous les matins.
Ma mère dit*¹ « Il est déjà 6 heures et quart. Lève-toi, depêche-toi ! »
Je prends la douche et je prends mon petit déjeuner à 6 heures 40.
Je vais à l'école à 7 heures 20 en métro. J'y arrive à 8 heures et quart.
Les cours commencent à 8 heures et demie.
Je prends mon déjeuner à midi avec mes amis à la cantine.
Je recommence*² les cours à 1 heure de l' après-midi.
Je finis les cours à 4 heures. Je rentre chez moi à 5 heures. Je me repose et je fais mes devoirs. Je prends le dîner à 7 heures, et après je regarde la télévision. Avant de dormir*³, je lis un livre et je me couche à 11 heures.

Vocabulaire et Expression　単語と表現
*1　dire：言う
*2　recommencer：再開する，再び始める　　*3　avant de.....：～する前に

EXERCICES

1. Dialogue 11 を聞き，レオの一日の生活を表に書きましょう．

le matin	l'apès-midi	le soir

2. あなた自身の一日の生活を言ってみましょう．

PRONONCIATION ［綴り字と発音］

è [ɛ]：lève，promène
e [ə]：me，te，se，demie，je

Leçon 12

身体の状態を言う・欲しい物, したい事を言う

EXPRESSION

① 「〜が痛い」avoir mal à...

1) Qu'est-ce que vous avez ?
   J'ai mal à la tête.

2) Qu'est-ce que tu as ?
   J'ai mal au ventre.

② 欲しい物を言う vouloir

1) Vous voulez du café ?
   Oui, je veux bien.

2) Tu veux de l'eau ?
   Non, merci. Je n'ai pas soif.

③ したい事を言う vouloir

1) Vous voulez aller à la mer ?
   Oui, je veux y aller.

2) Tu veux sortir dimanche ?
   Non, je ne veux pas sortir dimanche.

④ 「〜しなければならない」devoir

1) Vous devez partir demain ?
   Oui, je dois partir demain.

2) Tu dois finir les devoirs ce soir ?
   Oui, je dois finir les devoirs ce soir.

VOCABULAIRE

身体の部分

la tête　　l'oreille　　l'œil　　les dents　　l'épaule

le ventre　　le dos　　le bras　　la main　　le pied

la jambe

63

GRAMMAIRE

❶ 動詞 avoir à ＋身体の部分「〜が痛い」

前置詞 à は身体の部分の定冠詞と縮約されることがあります．

Qu'est-ce que vous avez ?　　— J'ai mal au ventre / pied / bras.
Qu'est-ce que tu as ?　　　　— J'ai mal à la tête / main.
Qu'est-ce qu'il a ?　　　　　— Il a mal aux dents / yeux / oreilles.
Qu'est-ce qu'elle a ?　　　　— Elle a mal à l'épaule.

◇ 動詞 avoir のその他の慣用表現
　avoir chaud「暑い」, froid「寒い」, soif「喉が渇いている」, sommeil「眠い」
　avoir un rhume「風邪をひいている」, avoir de la fièvre「熱がある」

❷ 動詞 vouloir「〜が欲しい」

vouloir	
je veux	nous voulons
tu veux	vous voulez
il veut	ils veulent

1) **vouloir** ＋名詞

Vous voulez du thé ?　　　　　　　　　— Oui, je veux bien.
Tu veux un vélo pour ton anniversaire ?　— Oui, je veux un vélo.
Qu'est-ce que tu veux à Noël ?　　　　　— Je veux un dictionnaire.

2) **vouloir** ＋動詞原形

Vous voulez voyager en France ?　　　— Oui, je veux y voyager.
Qu'est-ce que tu veux faire samedi ?　— Je veux faire du tennis.
Il veut aller où dimanche ?　　　　　— Il veut aller à la campagne.*　　*田舎

◇ 自分が欲しい物，したい事を丁寧に言う場合「〜が欲しいのですが，〜したいのですが」
　Je voudrais ...... と言う事が多いです．
　Je voudrais un café / une limonade / un livre / un ordinateur....
　Je voudrais aller à la mer. Je voudrais dormir.

❸ 動詞 devoir ＋動詞原形「〜しなければならない」

devoir	
je dois	nous devons
tu dois	vous devez
il doit	ils doivent

Je dois rentrer à sept heures.　　　　　　Tu veux sortir dimanche ?
Elle doit aller au marché ce matin.　　　— Non, je ne peux pas sortir,
On ne doit pas fumer dans le TGV.　　　　　je dois rester à la maison.
On ne doit pas utiliser de portable dans le train.

EXERCICES

I Écouter et Dire (聞き取り，言ってみましょう)

1. CDを聞き，ふさわしいイラストの記号を記入しましょう．

   83

   1) _____ 2) _____ 3) _____ 4) _____ 5) _____

   a)   b)   c)   d)   e)

2. イラストを見て，例のようにペアで質問し答えましょう．

   例) Qu'est-ce qu'il a ? Il a mal au bras.

   1)   2)   3)   4)   5)

3. 例にならい，CDの質問に，イラストに従って答えましょう．

   83

   例) Qu'est-ce que tu veux pour ton anniversaire ?   — Je veux un vélo.
   　　Qu'est-ce que tu veux faire dimanche ?   — Je veux aller au cinéma.

   1)   2)   3)   4)   5)

II Écrire (書く)

1. (　　) 内にふさわしい前置詞を記入しましょう．

   1) Tu as mal (　　) dents.
   2) Vous avez mal (　　) yeux.
   3) Il a mal (　　) main.
   4) Elle a mal (　　) épaule.
   5) J'ai mal (　　) ventre.
   6) Ils ont mal (　　) jambes.

2. 次の質問に対し，指示に従って答えましょう．

   1) Vous voulez du thé ?
      — Oui, _____
   2) Tu veux du café ?
      — Non, _____
   3) Il veut sortir dimanche ?
      — Oui, _____
   4) Tu veux aller au marché avec moi ?
      — Oui, _____
   5) Qu'est-ce que vous voulez faire samedi ?
      — _____ (買物)
   6) Tu dois rentrer à quelle heure ?
      — _____ (8時)

Dialogue 12 風邪をひいている

Thomas est au lit.[*1]

Mère : Thomas ! Tu es encore au lit ? Il est déjà 7 heures ! Qu'est-ce que tu as ?
Thomas : Maman, j'ai chaud et j'ai mal à la gorge[*2].
Mère : Tu as de la fièvre ? Tu as un rhume ?
Thomas : Oui, j'ai de la fièvre. J'ai chaud.
Mère : Alors, tu dois aller chez le médecin[*3], et après, tu prends des médicaments[*4]. Tu ne peux pas aller à l'école. Tu dois rester au lit.
Thomas : Oui, d'accord, maman.
Mère : Tu as soif ? Tu veux boire quelque chose[*5] ?
Thomas : Oui, de l'eau, s'il te plaît.

Vocabulaire et Expression　単語と表現

*1　être au lit : 寝ている　*2　avoir mal à la gorge : 喉が痛い
*3　aller chez le médecin : 医者に行く　*4　des médicaments : 薬　*5　quelques choses : 何か

EXERCICES

1. Dialogue 12 を聞き，以下の質問に答えましょう．

1) Thomas, qu'est-ce qu'il a ?	
2) Il peut aller à l'école ?	
3) Qu'es-ce qu'il doit faire ?	
4) Qu'est-ce qu'il veut boire ?	

2. Dialogue 12 をペアになり，会話をしてみましょう．

PRONONCIATION [綴り字と発音]

ê　[ɛ] : tête　vous êtes　être　crêpe　　　au [o] : épaule　sauce
ain [ɛ̃] : main　pain　train　　　　　　　　g [ʒ] : gorge　orange　voyage

Leçon 13 身につける物を言う・比較する

EXPRESSION

① 「〜色の服を着る」

1) Qu'est-ce que vous portez à la maison ?
   Je porte un jean et un tee-shirt blanc.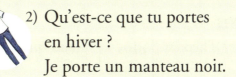

2) Qu'est-ce que tu portes en hiver ?
   Je porte un manteau noir.

② 比較する「〜より〜です」

1) Paul est plus grand que Marie.
2) Céline parle plus vite que Denis.

③ 最上級「最も〜です」

1) Louis est le plus grand de la classe.
2) Marie parle le plus vite de la classe.

④ 人・物を言い換える

1) Vous connaissez M. MARTIN ?
   Oui, je le connais.

2) Tu vois Nathalie ?
   Non, je ne la vois pas.

VOCABULAIRE

色

 jaune
 orange
 blanc(he)
 rouge
 vert(e)
 bleu
 gris(e)
 noir(e)
 marron

衣類・靴

 une chemise
 un chemisier
 un pull
 un tee-shirt
 un pantalon
 un jean
 une jupe
 une veste
 un manteau
 une robe
 des chaussures

数 70〜10 000

- 70 soixante-dix
- 71 soixante et onze
- 72 soixante-douze
- 80 quatre-vingts
- 81 quatre-vingt-un
- 82 quatre-vingt-deux
- 90 quatre-vingt-dix
- 91 quatre-vingt-onze
- 92 quatre-vingt-douze
- 100 cent
- 200 deux cents
- 320 trois cent vingt
- 1000 mille
- 2000 deux mille
- 10 000 dix mille

GRAMMAIRE

❶ 色：形容詞の場合は名詞の後ろに付き，名詞の性数に一致します．

Je porte une chemise blanche.　　Elle porte une jupe verte.
Tu portes une veste bleue.　　Ils portent des chaussures noires.

◇ 色が名詞の場合：Vous aimez quelle couleur ?　　— J'aime le rouge et l'orange.
　　　　　　　　　Ton vélo est de quelle couleur ?　— Il est jaune.

❷ 比較の表現「～より～です」

1) 形容詞：Théo est { plus / aussi / moins } grand que Cécile.　「テオはセシルより背が高い」
　　　　　　　　　　　　　　　　　　　　　　　　　　　　　「テオはセシルと同じ位背が高い」
　　　　　　　　　　　　　　　　　　　　　　　　　　　　　「テオはセシルより背が高くない」

◇ bon の比較級は meilleur になります．
　Le poisson est meilleur que la viande pour la santé.「魚は肉より健康に良い」

2) 副詞：Céline parle { plus / aussi / moins } vite que Denis.　「セリーヌはドゥニより早く話す」
　　　　　　　　　　　　　　　　　　　　　　　　　　　　　「セリーヌはドゥニと同じ位早く話す」
　　　　　　　　　　　　　　　　　　　　　　　　　　　　　「セリーヌはドゥニより早く話さない」

◇ bien の比較級は mieux になります．
　Charles étudie mieux que Thomas.「シャルルはトマより良く勉強する」

❸ 最上級：plus, moins の前に主語の性数に合う定冠詞 le, la, les を付けます．
　　　　　　「～の中で」は de を用います．

1) 形容詞：Louis est **le** plus grand **de** la classe.　「ルイはクラスで一番背が高い」
　　　　　　Léa est **la** moins grande **de** la classe.　「レアはクラスで一番背が低い」

2) 副詞：Didier parle **le*** plus vite **de** la classe.　「ディディエはクラスで一番早く話す」
　　　　　Anaïs parle **le*** moins vite **de** la classe.　「アナイスはクラスで一番ゆっくり話す」
　　　　　　* 定冠詞はつねに le を用います．

❹ 直接目的語人称代名詞：直接目的語人称代名詞は動詞の前に置きます．

主語	je	tu	il	elle	nous	vous	ils / elles
直接目的語人称代名詞	me (m')	te (t')	le (l')	la (l')	nous	vous	les

Vous connaissez*¹ M. MARTIN ?　　— Oui, je **le** connais.　　*¹ connaître 知っている
Tu vois*² Nathalie ?　　　　　　　— Non, je ne **la** vois pas.　*² voir 会う
Tu étudies la sociologie ?　　　　— Oui, je **l'** étudie.
Il cherche des chaussures ?　　　 — Oui, il **les** cherche.

EXERCICES

I Écouter et Dire (聞き取り，言ってみましょう)

1. CDを聞き，ふさわしいイラストに合う記号を記入しましょう．

    1) _____ 2) _____ 3) _____ 4) _____ 5) _____

    a)   b)   c)   d)   e)

2. CDを聞き，ふさわしいイラストの記号を書きましょう．

    1) _____ 2) _____ 3) _____ 4) _____ 5) _____

    a)   b)   c)   d)   e)

3. CDを聞き，ふさわしい日本語に✓を入れましょう．

    a) □ミッシェルはドゥニよりゆっくり話す．　□ミッシェルはドゥニより速く話す．

    b) □シルヴィーはジュリアンより遅く帰る．　□シルヴィーはジュリアンより早く帰る．

    c) □私の父は家族の中で一番早く起きる．　□私の父は家族の中で一番遅く起きる．

4. CDの質問に対し，直接目的語人称代名詞で答えましょう．

    1) Oui, _____   2) Non, _____   3) Oui, _____

II Écrire (書く)

1. イラストを見て，彼らが着るものを書きましょう．

    1) Il _____   2) Elle _____   3) Je _____

2. 以下の日本語をフランス語にしましょう．

    1) 彼は彼女より若いです．　_____

    2) 彼の犬は私の犬より大きくありません．　_____

    3) 私の父は家族の中で一番知的です．　_____

3. 以下の質問に直接目的語人称代名詞を用いて答えましょう．

    1) Vous parlez allemand ?　　— Oui, _____

    2) Elle étudie les mathématiques ?　　— Non, _____

    3) Ils aiment les chiens ?　　— Oui, _____

Dialogue 13 洋服売り場で

Une cliente cherche une jupe.

Vendeur : Bonjour, je peux vous aider ?[*1]
Cliente : Bonjour. Je voudrais une jupe.
Vendeur : Oui, d'accord. Voilà, nos jupes sont ici. Vous faites quelle taille ?[*2]
Cliente : 38.
　　　　　Je peux essayer[*3] la rouge et l'orange ?
Vendeur : Bien sûr.

……………………………………………………………………………

Vendeur : C'est parfait[*4]. Ça vous va très bien.[*5]
Cliente : C'est ma taille, mais l'orange est plus courte que la rouge. Je préfere[*6] la rouge. C'est combien ?
Vendeur : C'est 135 euros.
Cliente : D'accord, Je la prends.
Vendeur : Merci, la caisse est là-bas[*7].

Vocabulaire et Expression 単語と表現

*1 je peux vous aider ? : お手伝い致しましょうか　*2 Vous faites quelle taille ? : サイズはいくつですか？
*3 essayer : 試着する　*4 C'est parfait : 申し分ないです
*5 Ça vous va très bien : あなたにとても良くお似合いです　*6 préfere (préférer) : 〜の方が好きです
*7 la caisse est là-bas : 会計カウンターはあちらです

EXERCICES

1. Dialogue 13 を聞き，以下の質問に答えましょう．

1) La cliente, qu'est-ce qu'elle veut ?	
2) Elle fait quelle taille ?	
3) Elle prend la jupe rouge ?	
4) C'est combien ?	

2. Dialogue 13 をペアになり，買う物を変えて会話をしましょう．

Leçon 14 過去の事を言う・様々な否定の表現

EXPRESSION

① 過去の事を言う 1

1) Qu'est-ce que vous avez acheté au marché ?
   J'ai acheté des légumes.

2) Tu as visité le musée hier ?
   Non, je n'ai pas visité le musée hier.

② 過去の事を言う 2

1) Vous êtes allé où dimanche ?
   Je suis allé au cinéma dimanche.

2) Tu es allée au parc hier matin ?
   Non, je ne suis pas allée au parc hier matin.

③ 様々な否定の表現

1) Il est déjà rentré ?
   Non, il n'est pas encore rentré.

2) Il pleut encore ?
   Non, il ne pleut plus.

VOCABULAIRE

過去を表す言葉

hier	hier matin	hier après-midi	hier soir
昨日	昨日の朝	昨日の午後	昨日の夜
l'année dernière	le mois dernier	la semaine dernière	lundi dernier
去年	先月	先週	先週の月曜日
il y a trois jours	il y a une semaine	il y a un mois	il y a un an
3日前	1週間前	1か月前	1年前

GRAMMAIRE

❶ 複合過去：「～しました」 { -avoir 動詞 } ＋動詞の過去分詞
{ -être 動詞 }

1) 過去分詞の形
   - 第１群規則動詞　parler → parlé　＊ aller → allé
   - 第２群規則動詞　finir → fini　＊ partir → parti, dormir → dormi,
   - その他　　　　　boir → bu, dire → dit, écrire → écrit, lire → lu, faire → fait,
   　　　　　　　　　prendre → pris, venir → venu, être → été, avoir → eu

2) avoir 動詞を助動詞にする場合

parler		否定形	
j'ai parlé	nous avons parlé	je n'ai pas parlé	nous n'avons pas parlé
tu as parlé	vous avez parlé	tu n'as pas parlé	vous n'avez pas parlé
il a parlé	ils ont parlé	il n'a pas parlé	ils n'ont pas parlé

Vous avez voyagé l'année dernière ?　　— Oui, j'ai voyagé l'année dernière.
Tu as fait du tennis dimanche dernier ?　— Non, je n'ai pas fait de tennis dimanche dernier.

3) être 動詞を助動詞にする動詞は，移動を表す自動詞 (aller, venir, partir, arriver, etc.) と代名動詞です．動詞の過去分詞は主語の性数に一致します．

aller	
je suis allé(e)	nous sommes allé(e)s
tu es allé(e)	vous êtes allé(e)s
il / elle est allé(e)	ils / elles sont allé(e)s

Ils sont arrivés à Paris ?
— Oui, ils sont arrivés à Paris.
Je me suis levée à sept heures.

否定形	
je ne suis pas allé(e)	nous ne sommes pas allé(e)s
tu n'es pas allé(e)	vous n'êtes pas allé(e)s
il / elle n'est pas allé(e)	ils / elles ne sont pas allé(e)s

Elle est partie hier matin ?
— Non, elle n'est pas partie.
Ils ne se sont pas promenés hier.

❷ 様々な否定の表現

ne... encore	「まだ～ない」	Tu as déjà fini le dîner ?	— Non, je n'ai pas encore fini le dîner.
ne... plus	「もう～ない」	Il habite encore à Paris ?	— Non, il n'habite plus à Paris.
ne... jamais	「一度も～ない」	Tu es allé en Chine ?	— Non, je ne suis jamais allé en Chine.
ne... rien	「何も～ない」	Il y a quelque chose ?	— Non, il n'y a rien.
ne... personne	「誰も～ない」	Vous avez vu quelqu'un ?	— Non, je n'ai vu personne.

EXERCICES

I Écouter et Dire (聞き取り，言ってみましょう)

1. CD を聞き，それが現在形なら p. 複合過去形なら pc. を記入しましょう．
   * p. : présent   pc. : passé composé

   1) _____ 2) _____ 3) _____ 4) _____ 5) _____ 6) _____

2. イラストを指示された主語で，複合過去形で言いましょう．

   1) Il 2) Elle 3) Elle 4) Tu 5) Je

3. CD を聞き，ふさわしい日本語に✓を入れましょう．

   1) □私は中国には行かなかった　　□私は中国には一度も行った事がない
   2) □彼女は家に帰っていない　　　□彼女はまだ家に帰っていない
   3) □パンはもうない　　　　　　　□パンはまだある
   4) □彼らは買い物をしなかった　　□彼らは何も買わなかった
   5) □あなたは誰にも会わなかった　□あなたは彼に会わなかった

II Écrire (書く)

1. 以下の現在形の文を複合過去形にしましょう．

   1) J'étudie à la biblilthèque.　　　_____
   2) Ils prennent le petit déjeuner.　_____
   3) Elle boit du vin au dîner.　　　 _____
   4) Il y a une maison devant le parc. _____
   5) Elle sort avec sa mère.　　　　　_____
   6) Ils se couchent tard.　　　　　　_____

2. 以下のフランス語の質問に答えましょう．

   1) Vous avez fini le déjeuner ?   — Non, _____
   2) Tu as bien dormi hier soir ?   — Oui, _____
   3) Il n'a pas encore fini les devoirs ? — Si _____
   4) Tu as acheté quelque chose ?   — Non, _____
   5) Il pleut encore ?   — Non, _____

Dialogue 14 パリへ行った？

» Zoé parle avec Théo.

Zoé : Je suis allée à Paris pendant*1 les vacances.
Théo : Ah bon ! Moi, je ne suis pas encore allé à Paris. Tu es allée à Paris quand ?
Zoé : En juillet.
Théo : Qu'est-ce que tu as visité là-bas ?
Zoé : J'ai visité le Musée du Louvre, la Tour Eiffel, Notre-Dame, l'Arc de Triomphe, l'Opéra, etc…
Théo : Tu as visité beaucoup d'endroits*2 ! Il y avait*3 beaucoup de touristes ?
Zoé : Oui, il y en avait beaucoup.
Théo : Tu es restée à Paris pendant combien de temps*4 ?
Zoé : Pendant une semaine. C'était*5 très intéressant. J'ai découvert*6 beaucoup de choses.
Théo : C'est bien ! Moi aussi je vais y aller.

Vocabulaire et Expression 単語と表現

*1 pendant : 〜の間 *2 beaucoup d'endroit : 沢山の場所
*3 Il y avait… : 〜があった Il y a….. の半過去形（過去の状態を言います）
*4 pendant combien de temps ? : どれくらいの間？ *5 C'était…. : 〜だった était は être 動詞の半過去形
*6 découvert : 発見する　découvrir の過去分詞

EXERCICES

1. Dialogue 14 を聞き，以下の質問に答えましょう．

1) Zoé est allée où ?	
2) Théo est déjà allé à Paris ?	
3) Elle est allée à Paris quand ?	
4) Qu'est-ce qu'elle a visité ?	
5) Elle est restée à Paris pendant combien de temps ?	

2. Dialogue 14 をペアになり，会話をしてみましょう．

フランス語の庭
（CD付）

那波 洋子 著

2017. 1. 20 初版印刷
2017. 2. 1 初版発行

発行者 井 田 洋 二

〒101-0062 東京都千代田区神田駿河台3の7
発行所 電話 03(3291)1676 FAX 03(3291)1675
振替 00190-3-56669

株式会社 駿河台出版社

製版 フォレスト／印刷・製本 三友印刷
ISBN978-4-411-00833-6 C1085
http://www.e-surugadai.com

動詞活用表

◇ 活用表中，現在分詞と過去分詞はイタリック体，
また書体の違う活用は，とくに注意すること．

accueillir	22	écrire	40	pleuvoir	61
acheter	10	émouvoir	55	pouvoir	54
acquérir	26	employer	13	préférer	12
aimer	7	envoyer	15	prendre	29
aller	16	être	2	recevoir	52
appeler	11	être aimé(e)(s)	5	rendre	28
(s')asseoir	60	être allé(e)(s)	4	résoudre	42
avoir	1	faire	31	rire	48
avoir aimé	3	falloir	62	rompre	50
battre	46	finir	17	savoir	56
boire	41	fuir	27	sentir	19
commencer	8	(se) lever	6	suffire	34
conclure	49	lire	33	suivre	38
conduire	35	manger	9	tenir	20
connaître	43	mettre	47	vaincre	51
coudre	37	mourir	25	valoir	59
courir	24	naître	44	venir	21
craindre	30	ouvrir	23	vivre	39
croire	45	partir	18	voir	57
devoir	53	payer	14	vouloir	58
dire	32	plaire	36		

◇ 単純時称の作り方

不定法
—er [e]
—ir [ir]
—re [r]
—oir [war]

現在分詞
—ant [ɑ̃]

	直説法現在		接続法現在	直説法半過去
je (j')	—e [無音]	—s [無音]	—e [無音]	—ais [ɛ]
tu	—es [無音]	—s [無音]	—es [無音]	—ais [ɛ]
il	—e [無音]	—t [無音]	—e [無音]	—ait [ɛ]
nous	—ons [ɔ̃]		—ions [jɔ̃]	—ions [jɔ̃]
vous	—ez [e]		—iez [je]	—iez [je]
ils	—ent [無音]		—ent [無音]	—aient [ɛ]

	直説法単純未来		条件法現在	
je (j')	—rai	[re]	—rais	[rɛ]
tu	—ras	[rɑ]	—rais	[rɛ]
il	—ra	[ra]	—rait	[rɛ]
nous	—rons	[rɔ̃]	—rions	[rjɔ̃]
vous	—rez	[re]	—riez	[rje]
ils	—ront	[rɔ̃]	—raient	[rɛ]

	直 説 法 単 純 過 去					
je	—ai	[e]	—is	[i]	—us	[y]
tu	—as	[ɑ]	—is	[i]	—us	[y]
il	—a	[a]	—it	[i]	—ut	[y]
nous	—âmes	[am]	—îmes	[im]	—ûmes	[ym]
vous	—âtes	[at]	—îtes	[it]	—ûtes	[yt]
ils	—èrent	[ɛr]	—irent	[ir]	—urent	[yr]

過去分詞	—é [e], —i [i], —u [y], —s [無音], —t [無音]

①**直説法現在**の単数形は，第一群動詞では—e，—es，—e；他の動詞ではほとんど—s，—s，—t．
②**直説法現在**と**接続法現在**では，nous, vous の語幹が，他の人称の語幹と異なること（母音交替）がある．
③**命令法**は，直説法現在の tu, nous, vous をとった形．（ただし—es → e vas → va）
④**接続法現在**は，多く直説法現在の3人称複数形から作られる．ils partent → je parte.
⑤**直説法半過去**と**現在分詞**は，直説法現在の1人称複数形から作られる．
⑥**直説法単純未来**と**条件法現在**は多く不定法から作られる．aimer → j'aimerai, finir → je finirai, rendre → je rendrai(-oir 型の語幹は不規則)．

1. avoir

現在分詞
ayant

過去分詞
eu [y]

直説法		
現在	半過去	単純過去
j' ai	j' avais	j' eus [y]
tu as	tu avais	tu eus
il a	il avait	il eut
nous avons	nous avions	nous eûmes
vous avez	vous aviez	vous eûtes
ils ont	ils avaient	ils eurent

命令法
aie
ayons
ayez

複合過去	大過去	前過去
j' ai eu	j' avais eu	j' eus eu
tu as eu	tu avais eu	tu eus eu
il a eu	il avait eu	il eut eu
nous avons eu	nous avions eu	nous eûmes eu
vous avez eu	vous aviez eu	vous eûtes eu
ils ont eu	ils avaient eu	ils eurent eu

2. être

現在分詞
étant

過去分詞
été

直説法		
現在	半過去	単純過去
je suis	j' étais	je fus
tu es	tu étais	tu fus
il est	il était	il fut
nous sommes	nous étions	nous fûmes
vous êtes	vous étiez	vous fûtes
ils sont	ils étaient	ils furent

命令法
sois
soyons
soyez

複合過去	大過去	前過去
j' ai été	j' avais été	j' eus été
tu as été	tu avais été	tu eus été
il a été	il avait été	il eut été
nous avons été	nous avions été	nous eûmes été
vous avez été	vous aviez été	vous eûtes été
ils ont été	ils avaient été	ils eurent été

3. avoir aimé

[複合時称]

分詞複合形
ayant aimé

命令法
aie aimé
ayons aimé
ayez aimé

直説法		
複合過去	大過去	前過去
j' ai aimé	j' avais aimé	j' eus aimé
tu as aimé	tu avais aimé	tu eus aimé
il a aimé	il avait aimé	il eut aimé
elle a aimé	elle avait aimé	elle eut aimé
nous avons aimé	nous avions aimé	nous eûmes aimé
vous avez aimé	vous aviez aimé	vous eûtes aimé
ils ont aimé	ils avaient aimé	ils eurent aimé
elles ont aimé	elles avaient aimé	elles eurent aimé

4. être allé(e)(s)

[複合時称]

分詞複合形
étant allé(e)(s)

命令法
sois allé(e)
soyons allé(e)s
soyez allé(e)(s)

直説法		
複合過去	大過去	前過去
je suis allé(e)	j' étais allé(e)	je fus allé(e)
tu es allé(e)	tu étais allé(e)	tu fus allé(e)
il est allé	il était allé	il fut allé
elle est allée	elle était allée	elle fut allée
nous sommes allé(e)s	nous étions allé(e)s	nous fûmes allé(e)s
vous êtes allé(e)(s)	vous étiez allé(e)(s)	vous fûtes allé(e)(s)
ils sont allés	ils étaient allés	ils furent allés
elles sont allées	elles étaient allées	elles furent allées

		条件法		接続法			
単純未来		現在		現在		半過去	
j'	aurai	j'	aurais	j'	aie	j'	eusse
tu	auras	tu	aurais	tu	aies	tu	eusses
il	aura	il	aurait	il	ait	il	eût
nous	aurons	nous	aurions	nous	ayons	nous	eussions
vous	aurez	vous	auriez	vous	ayez	vous	eussiez
ils	auront	ils	auraient	ils	aient	ils	eussent
前未来		過去		過去		大過去	
j'	aurai eu	j'	aurais eu	j'	aie eu	j'	eusse eu
tu	auras eu	tu	aurais eu	tu	aies eu	tu	eusses eu
il	aura eu	il	aurait eu	il	ait eu	il	eût eu
nous	aurons eu	nous	aurions eu	nous	ayons eu	nous	eussions eu
vous	aurez eu	vous	auriez eu	vous	ayez eu	vous	eussiez eu
ils	auront eu	ils	auraient eu	ils	aient eu	ils	eussent eu

		条件法		接続法			
単純未来		現在		現在		半過去	
je	serai	je	serais	je	sois	je	fusse
tu	seras	tu	serais	tu	sois	tu	fusses
il	sera	il	serait	il	soit	il	fût
nous	serons	nous	serions	nous	soyons	nous	fussions
vous	serez	vous	seriez	vous	soyez	vous	fussiez
ils	seront	ils	seraient	ils	soient	ils	fussent
前未来		過去		過去		大過去	
j'	aurai été	j'	aurais été	j'	aie été	j'	eusse été
tu	auras été	tu	aurais été	tu	aies été	tu	eusses été
il	aura été	il	aurait été	il	ait été	il	eût été
nous	aurons été	nous	aurions été	nous	ayons été	nous	eussions été
vous	aurez été	vous	auriez été	vous	ayez été	vous	eussiez été
ils	auront été	ils	auraient été	ils	aient été	ils	eussent été

		条件法		接続法			
前未来		過去		過去		大過去	
j'	aurai aimé	j'	aurais aimé	j'	aie aimé	j'	eusse aimé
tu	auras aimé	tu	aurais aimé	tu	aies aimé	tu	eusses aimé
il	aura aimé	il	aurait aimé	il	ait aimé	il	eût aimé
elle	aura aimé	elle	aurait aimé	elle	ait aimé	elle	eût aimé
nous	aurons aimé	nous	aurions aimé	nous	ayons aimé	nous	eussions aimé
vous	aurez aimé	vous	auriez aimé	vous	ayez aimé	vous	eussiez aimé
ils	auront aimé	ils	auraient aimé	ils	aient aimé	ils	eussent aimé
elles	auront aimé	elles	auraient aimé	elles	aient aimé	elles	eussent aimé

		条件法		接続法			
前未来		過去		過去		大過去	
je	serai allé(e)	je	serais allé(e)	je	sois allé(e)	je	fusse allé(e)
tu	seras allé(e)	tu	serais allé(e)	tu	sois allé(e)	tu	fusses allé(e)
il	sera allé	il	serait allé	il	soit allé	il	fût allé
elle	sera allée	elle	serait allée	elle	soit allée	elle	fût allée
nous	serons allé(e)s	nous	serions allé(e)s	nous	soyons allé(e)s	nous	fussions allé(e)s
vous	serez allé(e)(s)	vous	seriez allé(e)(s)	vous	soyez allé(e)(s)	vous	fussiez allé(e)(s)
ils	seront allés	ils	seraient allés	ils	soient allés	ils	fussent allés
elles	seront allées	elles	seraient allées	elles	soient allées	elles	fussent allées

5. être aimé(e)(s) ［受動態］

直　説　法							接　続　法		
現　在			複　合　過　去				現　在		
je	suis	aimé(e)	j'	ai	été	aimé(e)	je	sois	aimé(e)
tu	es	aimé(e)	tu	as	été	aimé(e)	tu	sois	aimé(e)
il	est	aimé	il	a	été	aimé	il	soit	aimé
elle	est	aimée	elle	a	été	aimée	elle	soit	aimée
nous	sommes	aimé(e)s	nous	avons	été	aimé(e)s	nous	soyons	aimé(e)s
vous	êtes	aimé(e)(s)	vous	avez	été	aimé(e)(s)	vous	soyez	aimé(e)(s)
ils	sont	aimés	ils	ont	été	aimés	ils	soient	aimés
elles	sont	aimées	elles	ont	été	aimées	elles	soient	aimées
半　過　去			大　過　去				過　去		
j'	étais	aimé(e)	j'	avais	été	aimé(e)	j'	aie	été aimé(e)
tu	étais	aimé(e)	tu	avais	été	aimé(e)	tu	aies	été aimé(e)
il	était	aimé	il	avait	été	aimé	il	ait	été aimé
elle	était	aimée	elle	avait	été	aimée	elle	ait	été aimée
nous	étions	aimé(e)s	nous	avions	été	aimé(e)s	nous	ayons	été aimé(e)s
vous	étiez	aimé(e)(s)	vous	aviez	été	aimé(e)(s)	vous	ayez	été aimé(e)(s)
ils	étaient	aimés	ils	avaient	été	aimés	ils	aient	été aimés
elles	étaient	aimées	elles	avaient	été	aimées	elles	aient	été aimées
単　純　過　去			前　過　去				半　過　去		
je	fus	aimé(e)	j'	eus	été	aimé(e)	je	fusse	aimé(e)
tu	fus	aimé(e)	tu	eus	été	aimé(e)	tu	fusses	aimé(e)
il	fut	aimé	il	eut	été	aimé	il	fût	aimé
elle	fut	aimée	elle	eut	été	aimée	elle	fût	aimée
nous	fûmes	aimé(e)s	nous	eûmes	été	aimé(e)s	nous	fussions	aimé(e)s
vous	fûtes	aimé(e)(s)	vous	eûtes	été	aimé(e)(s)	vous	fussiez	aimé(e)(s)
ils	furent	aimés	ils	eurent	été	aimés	ils	fussent	aimés
elles	furent	aimées	elles	eurent	été	aimées	elles	fussent	aimées
単　純　未　来			前　未　来				大　過　去		
je	serai	aimé(e)	j'	aurai	été	aimé(e)	j'	eusse	été aimé(e)
tu	seras	aimé(e)	tu	auras	été	aimé(e)	tu	eusses	été aimé(e)
il	sera	aimé	il	aura	été	aimé	il	eût	été aimé
elle	sera	aimée	elle	aura	été	aimée	elle	eût	été aimée
nous	serons	aimé(e)s	nous	aurons	été	aimé(e)s	nous	eussions	été aimé(e)s
vous	serez	aimé(e)(s)	vous	aurez	été	aimé(e)(s)	vous	eussiez	été aimé(e)(s)
ils	seront	aimés	ils	auront	été	aimés	ils	eussent	été aimés
elles	seront	aimées	elles	auront	été	aimées	elles	eussent	été aimées

条　件　法							現在分詞		
現　在			過　去				étant aimé(e)(s)		
je	serais	aimé(e)	j'	aurais	été	aimé(e)			
tu	serais	aimé(e)	tu	aurais	été	aimé(e)	過去分詞		
il	serait	aimé	il	aurait	été	aimé	été aimé(e)(s)		
elle	serait	aimée	elle	aurait	été	aimée	命　令　法		
nous	serions	aimé(e)s	nous	aurions	été	aimé(e)s			
vous	seriez	aimé(e)(s)	vous	auriez	été	aimé(e)(s)	sois	aimé(e)s	
ils	seraient	aimés	ils	auraient	été	aimés	soyons	aimé(e)s	
elles	seraient	aimées	elles	auraient	été	aimées	soyez	aimé(e)(s)	

6. se lever ［代名動詞］

直　説　法							接　続　法		
現　在			複　合　過　去				現　在		
je	me	lève	je	me	suis	levé(e)	je	me	lève
tu	te	lèves	tu	t'	es	levé(e)	tu	te	lèves
il	se	lève	il	s'	est	levé	il	se	lève
elle	se	lève	elle	s'	est	levée	elle	se	lève
nous	nous	levons	nous	nous	sommes	levé(e)s	nous	nous	levions
vous	vous	levez	vous	vous	êtes	levé(e)(s)	vous	vous	leviez
ils	se	lèvent	ils	se	sont	levés	ils	se	lèvent
elles	se	lèvent	elles	se	sont	levées	elles	se	lèvent
半　過　去			大　過　去				過　去		
je	me	levais	je	m'	étais	levé(e)	je	me	sois	levé(e)
tu	te	levais	tu	t'	étais	levé(e)	tu	te	sois	levé(e)
il	se	levait	il	s'	était	levé	il	se	soit	levé
elle	se	levait	elle	s'	était	levée	elle	se	soit	levée
nous	nous	levions	nous	nous	étions	levé(e)s	nous	nous	soyons	levé(e)s
vous	vous	leviez	vous	vous	étiez	levé(e)(s)	vous	vous	soyez	levé(e)(s)
ils	se	levaient	ils	s'	étaient	levés	ils	se	soient	levés
elles	se	levaient	elles	s'	étaient	levées	elles	se	soient	levées
単　純　過　去			前　過　去				半　過　去		
je	me	levai	je	me	fus	levé(e)	je	me	levasse
tu	te	levas	tu	te	fus	levé(e)	tu	te	levasses
il	se	leva	il	se	fut	levé	il	se	levât
elle	se	leva	elle	se	fut	levée	elle	se	levât
nous	nous	levâmes	nous	nous	fûmes	levé(e)s	nous	nous	levassions
vous	vous	levâtes	vous	vous	fûtes	levé(e)(s)	vous	vous	levassiez
ils	se	levèrent	ils	se	furent	levés	ils	se	levassent
elles	se	levèrent	elles	se	furent	levées	elles	se	levassent
単　純　未　来			前　未　来				大　過　去		
je	me	lèverai	je	me	serai	levé(e)	je	me	fusse	levé(e)
tu	te	lèveras	tu	te	seras	levé(e)	tu	te	fusses	levé(e)
il	se	lèvera	il	se	sera	levé	il	se	fût	levé
elle	se	lèvera	elle	se	sera	levée	elle	se	fût	levée
nous	nous	lèverons	nous	nous	serons	levé(e)s	nous	nous	fussions	levé(e)s
vous	vous	lèverez	vous	vous	serez	levé(e)(s)	vous	vous	fussiez	levé(e)(s)
ils	se	lèveront	ils	se	seront	levés	ils	se	fussent	levés
elles	se	lèveront	elles	se	seront	levées	elles	se	fussent	levées

条　件　法							現在分詞
現　在			過　去				se levant
je	me	lèverais	je	me	serais	levé(e)	
tu	te	lèverais	tu	te	serais	levé(e)	命　令　法
il	se	lèverait	il	se	serait	levé	
elle	se	lèverait	elle	se	serait	levée	
nous	nous	lèverions	nous	nous	serions	levé(e)s	lève-toi
vous	vous	lèveriez	vous	vous	seriez	levé(e)(s)	levons-nous
ils	se	lèveraient	ils	se	seraient	levés	levez-vous
elles	se	lèveraient	elles	se	seraient	levées	

◇ se が間接補語のとき過去分詞は性・数の変化をしない．

不定法 現在分詞 過去分詞	直　説　法			
	現　在	半過去	単純過去	単純未来
7. aimer *aimant* *aimé*	j'　aime tu　aimes il　aime n.　aimons v.　aimez ils　aiment	j'　aimais tu　aimais il　aimait n.　aimions v.　aimiez ils　aimaient	j'　aimai tu　aimas il　aima n.　aimâmes v.　aimâtes ils　aimèrent	j'　aimerai tu　aimeras il　aimera n.　aimerons v.　aimerez ils　aimeront
8. commencer *commençant* *commencé*	je　commence tu　commences il　commence n.　commençons v.　commencez ils　commencent	je　commençais tu　commençais il　commençait n.　commencions v.　commenciez ils　commençaient	je　commençai tu　commenças il　commença n.　commençâmes v.　commençâtes ils　commencèrent	je　commencerai tu　commenceras il　commencera n.　commencerons v.　commencerez ils　commenceront
9. manger *mangeant* *mangé*	je　mange tu　manges il　mange n.　mangeons v.　mangez ils　mangent	je　mangeais tu　mangeais il　mangeait n.　mangions v.　mangiez ils　mangeaient	je　mangeai tu　mangeas il　mangea n.　mangeâmes v.　mangeâtes ils　mangèrent	je　mangerai tu　mangeras il　mangera n.　mangerons v.　mangerez ils　mangeront
10. acheter *achetant* *acheté*	j'　achète tu　achètes il　achète n.　achetons v.　achetez ils　achètent	j'　achetais tu　achetais il　achetait n.　achetions v.　achetiez ils　achetaient	j'　achetai tu　achetas il　acheta n.　achetâmes v.　achetâtes ils　achetèrent	j'　achèterai tu　achèteras il　achètera n.　achèterons v.　achèterez ils　achèteront
11. appeler *appelant* *appelé*	j'　appelle tu　appelles il　appelle n.　appelons v.　appelez ils　appellent	j'　appelais tu　appelais il　appelait n.　appelions v.　appeliez ils　appelaient	j'　appelai tu　appelas il　appela n.　appelâmes v.　appelâtes ils　appelèrent	j'　appellerai tu　appelleras il　appellera n.　appellerons v.　appellerez ils　appelleront
12. préférer *préférant* *préféré*	je　préfère tu　préfères il　préfère n.　préférons v.　préférez ils　préfèrent	je　préférais tu　préférais il　préférait n.　préférions v.　préfériez ils　préféraient	je　préférai tu　préféras il　préféra n.　préférâmes v.　préférâtes ils　préférèrent	je　préférerai tu　préféreras il　préférera n.　préférerons v.　préférerez ils　préféreront
13. employer *employant* *employé*	j'　emploie tu　emploies il　emploie n.　employons v.　employez ils　emploient	j'　employais tu　employais il　employait n.　employions v.　employiez ils　employaient	j'　employai tu　employas il　employa n.　employâmes v.　employâtes ils　employèrent	j'　emploierai tu　emploieras il　emploiera n.　emploierons v.　emploierez ils　emploieront

条件法	接続法		命令法	同型
現在	現在	半過去		
j' aimerais tu aimerais il aimerait n. aimerions v. aimeriez ils aimeraient	j' aime tu aimes il aime n. aimions v. aimiez ils aiment	j' aimasse tu aimasses il aimât n. aimassions v. aimassiez ils aimassent	aime aimons aimez	注 語尾 -er の動詞 (除：aller, envoyer) を第一群規則動詞と もいう.
je commencerais tu commencerais il commencerait n. commencerions v. commenceriez ils commenceraient	je commence tu commences il commence n. commencions v. commenciez ils commencent	je commençasse tu commençasses il commençât n. commençassions v. commençassiez ils commençassent	commence commençons commencez	**avancer** **effacer** **forcer** **lancer** **placer** **prononcer** **remplacer** **renoncer**
je mangerais tu mangerais il mangerait n. mangerions v. mangeriez ils mangeraient	je mange tu manges il mange n. mangions v. mangiez ils mangent	je mangeasse tu mangeasses il mangeât n. mangeassions v. mangeassiez ils mangeassent	mange mangeons mangez	**arranger** **changer** **charger** **déranger** **engager** **manger** **obliger** **voyager**
j' achèterais tu achèterais il achèterait n. achèterions v. achèteriez ils achèteraient	j' achète tu achètes il achète n. achetions v. achetiez ils achètent	j' achetasse tu achetasses il achetât n. achetassions v. achetassiez ils achetassent	achète achetons achetez	**achever** **amener** **enlever** **lever** **mener** **peser** **(se) promener**
j' appellerais tu appellerais il appellerait n. appellerions v. appelleriez ils appelleraient	j' appelle tu appelles il appelle n. appelions v. appeliez ils appellent	j' appelasse tu appelasses il appelât n. appelassions v. appelassiez ils appelassent	appelle appelons appelez	**jeter** **rappeler** **rejeter** **renouveler**
je préférerais tu préférerais il préférerait n. préférerions v. préféreriez ils préféreraient	je préfère tu préfères il préfère n. préférions v. préfériez ils préfèrent	je préférasse tu préférasses il préférât n. préférassions v. préférassiez ils préférassent	préfère préférons préférez	**considérer** **désespérer** **espérer** **inquiéter** **pénétrer** **posséder** **répéter** **sécher**
j' emploierais tu emploierais il emploierait n. emploierions v. emploieriez ils emploieraient	j' emploie tu emploies il emploie n. employions v. employiez ils emploient	j' employasse tu employasses il employât n. employassions v. employassiez ils employassent	emploie employons employez	**-oyer**(除：envoyer) **-uyer** **appuyer** **ennuyer** **essuyer** **nettoyer**

不定法 現在分詞 過去分詞	直説法			
	現在	半過去	単純過去	単純未来
14. payer *payant* *payé*	je paye (paie) tu payes (paies) il paye (paie) n. payons v. payez ils payent (paient)	je payais tu payais il payait n. payions v. payiez ils payaient	je payai tu payas il paya n. payâmes v. payâtes ils payèrent	je payerai (paierai) tu payeras (*etc....*) il payera n. payerons v. payerez ils payeront
15. envoyer *envoyant* *envoyé*	j' envoie tu envoies il envoie n. envoyons v. envoyez ils envoient	j' envoyais tu envoyais il envoyait n. envoyions v. envoyiez ils envoyaient	j' envoyai tu envoyas il envoya n. envoyâmes v. envoyâtes ils envoyèrent	j' **enverrai** tu **enverras** il **enverra** n. **enverrons** v. **enverrez** ils **enverront**
16. aller *allant* *allé*	je **vais** tu **vas** il **va** n. allons v. allez ils **vont**	j' allais tu allais il allait n. allions v. alliez ils allaient	j' allai tu allas il alla n. allâmes v. allâtes ils allèrent	j' **irai** tu **iras** il **ira** n. **irons** v. **irez** ils **iront**
17. finir *finissant* *fini*	je finis tu finis il finit n. finissons v. finissez ils finissent	je finissais tu finissais il finissait n. finissions v. finissiez ils finissaient	je finis tu finis il finit n. finîmes v. finîtes ils finirent	je finirai tu finiras il finira n. finirons v. finirez ils finiront
18. partir *partant* *parti*	je pars tu pars il part n. partons v. partez ils partent	je partais tu partais il partait n. partions v. partiez ils partaient	je partis tu partis il partit n. partîmes v. partîtes ils partirent	je partirai tu partiras il partira n. partirons v. partirez ils partiront
19. sentir *sentant* *senti*	je sens tu sens il sent n. sentons v. sentez ils sentent	je sentais tu sentais il sentait n. sentions v. sentiez ils sentaient	je sentis tu sentis il sentit n. sentîmes v. sentîtes ils sentirent	je sentirai tu sentiras il sentira n. sentirons v. sentirez ils sentiront
20. tenir *tenant* *tenu*	je tiens tu tiens il tient n. tenons v. tenez ils tiennent	je tenais tu tenais il tenait n. tenions v. teniez ils tenaient	je tins tu tins il tint n. tînmes v. tîntes ils tinrent	je **tiendrai** tu **tiendras** il **tiendra** n. **tiendrons** v. **tiendrez** ils **tiendront**

条件法	接続法		命令法	同型
現在	現在	半過去		
je payerais (paierais) tu payerais (*etc.* . . .) il payerait n. payerions v. payeriez ils payeraient	je paye (paie) tu payes (paies) il paye (paie) n. payions v. payiez ils payent (paient)	je payasse tu payasses il payât n. payassions v. payassiez ils payassent	paie (paye) payons payez	［発音］ je paye [ʒəpɛj], je paie [ʒəpɛ]; je payerai [ʒəpɛjre], je paierai [ʒəpɛre].
j' enverrais tu enverrais il enverrait n. enverrions v. enverriez ils enverraient	j' envoie tu envoies il envoie n. envoyions v. envoyiez ils envoient	j' envoyasse tu envoyasses il envoyât n. envoyassions v. envoyassiez ils envoyassent	envoie envoyons envoyez	注 未来，条・現を除いては，13と同じ． **renvoyer**
j' irais tu irais il irait n. irions v. iriez ils iraient	j' **aille** tu **ailles** il **aille** n. allions v. alliez ils **aillent**	j' allasse tu allasses il allât n. allassions v. allassiez ils allassent	**va** allons allez	注 yがつくとき命令法・現在はvas: vas-y. 直・現・3人称複数にontの語尾をもつものは他にont (avoir), sont (être), font (faire)のみ．
je finirais tu finirais il finirait n. finirions v. finiriez ils finiraient	je finisse tu finisses il finisse n. finissions v. finissiez ils finissent	je finisse tu finisses il finît n. finissions v. finissiez ils finissent	finis finissons finissez	注 finir型の動詞を第2群規則動詞という．
je partirais tu partirais il partirait n. partirions v. partiriez ils partiraient	je parte tu partes il parte n. partions v. partiez ils partent	je partisse tu partisses il partît n. partissions v. partissiez ils partissent	pars partons partez	注 助動詞はêtre． **sortir**
je sentirais tu sentirais il sentirait n. sentirions v. sentiriez ils sentiraient	je sente tu sentes il sente n. sentions v. sentiez ils sentent	je sentisse tu sentisses il sentît n. sentissions v. sentissiez ils sentissent	sens sentons sentez	注 18と助動詞を除けば同型．
je tiendrais tu tiendrais il tiendrait n. tiendrions v. tiendriez ils tiendraient	je tienne tu tiennes il tienne n. tenions v. teniez ils tiennent	je tinsse tu tinsses il tînt n. tinssions v. tinssiez ils tinssent	tiens tenons tenez	注 **venir 21**と同型，ただし，助動詞はavoir．

不定法 現在分詞 過去分詞	直 説 法			
	現　在	半過去	単純過去	単純未来
21. venir *venant* *venu*	je viens tu viens il vient n. venons v. venez ils viennent	je venais tu venais il venait n. venions v. veniez ils venaient	je vins tu vins il vint n. vînmes v. vîntes ils vinrent	je **viendrai** tu **viendras** il **viendra** n. **viendrons** v. **viendrez** ils **viendront**
22. accueillir *accueillant* *accueilli*	j' **accueille** tu **accueilles** il **accueille** n. accueillons v. accueillez ils accueillent	j' accueillais tu accueillais il accueillait n. accueillions v. accueilliez ils accueillaient	j' accueillis tu accueillis il accueillit n. accueillîmes v. accueillîtes ils accueillirent	j' **accueillerai** tu **accueilleras** il **accueillera** n. **accueillerons** v. **accueillerez** ils **accueilleront**
23. ouvrir *ouvrant* *ouvert*	j' **ouvre** tu **ouvres** il **ouvre** n. ouvrons v. ouvrez ils ouvrent	j' ouvrais tu ouvrais il ouvrait n. ouvrions v. ouvriez ils ouvraient	j' ouvris tu ouvris il ouvrit n. ouvrîmes v. ouvrîtes ils ouvrirent	j' ouvrirai tu ouvriras il ouvrira n. ouvrirons v. ouvrirez ils ouvriront
24. courir *courant* *couru*	je cours tu cours il court n. courons v. courez ils courent	je courais tu courais il courait n. courions v. couriez ils couraient	je courus tu courus il courut n. courûmes v. courûtes ils coururent	je **courrai** tu **courras** il **courra** n. **courrons** v. **courrez** ils **courront**
25. mourir *mourant* *mort*	je meurs tu meurs il meurt n. mourons v. mourez ils meurent	je mourais tu mourais il mourait n. mourions v. mouriez ils mouraient	je mourus tu mourus il mourut n. mourûmes v. mourûtes ils moururent	je **mourrai** tu **mourras** il **mourra** n. **mourrons** v. **mourrez** ils **mourront**
26. acquérir *acquérant* *acquis*	j' acquiers tu acquiers il acquiert n. acquérons v. acquérez ils acquièrent	j' acquérais tu acquérais il acquérait n. acquérions v. acquériez ils acquéraient	j' acquis tu acquis il acquit n. acquîmes v. acquîtes ils acquirent	j' **acquerrai** tu **acquerras** il **acquerra** n. **acquerrons** v. **acquerrez** ils **acquerront**
27. fuir *fuyant* *fui*	je fuis tu fuis il fuit n. fuyons v. fuyez ils fuient	je fuyais tu fuyais il fuyait n. fuyions v. fuyiez ils fuyaient	je fuis tu fuis il fuit n. fuîmes v. fuîtes ils fuirent	je fuirai tu fuiras il fuira n. fuirons v. fuirez ils fuiront

条件法	接続法		命令法	同型
現在	現在	半過去		
je viendrais tu viendrais il viendrait n. viendrions v. viendriez ils viendraient	je vienne tu viennes il vienne n. venions v. veniez ils viennent	je vinsse tu vinsses il vînt n. vinssions v. vinssiez ils vinssent	viens venons venez	注 助動詞は être. **devenir** **intervenir** **prévenir** **revenir** **(se) souvenir**
j' accueillerais tu accueillerais il accueillerait n. accueillerions v. accueilleriez ils accueilleraient	j' accueille tu accueilles il accueille n. accueillions v. accueilliez ils accueillent	j' accueillisse tu accueillisses il accueillît n. accueillissions v. accueillissiez ils accueillissent	**accueille** accueillons accueillez	**cueillir**
j' ouvrirais tu ouvrirais il ouvrirait n. ouvririons v. ouvririez ils ouvriraient	j' ouvre tu ouvres il ouvre n. ouvrions v. ouvriez ils ouvrent	j' ouvrisse tu ouvrisses il ouvrît n. ouvrissions v. ouvrissiez ils ouvrissent	**ouvre** ouvrons ouvrez	**couvrir** **découvrir** **offrir** **souffrir**
je courrais tu courrais il courrait n. courrions v. courriez ils courraient	je coure tu coures il coure n. courions v. couriez ils courent	je courusse tu courusses il courût n. courussions v. courussiez ils courussent	cours courons courez	**accourir**
je mourrais tu mourrais il mourrait n. mourrions v. mourriez ils mourraient	je meure tu meures il meure n. mourions v. mouriez ils meurent	je mourusse tu mourusses il mourût n. mourussions v. mourussiez ils mourussent	meurs mourons mourez	注 助動詞は être.
j' acquerrais tu acquerrais il acquerrait n. acquerrions v. acquerriez ils acquerraient	j' acquière tu acquières il acquière n. acquérions v. acquériez ils acquièrent	j' acquisse tu acquisses il acquît n. acquissions v. acquissiez ils acquissent	acquiers acquérons acquérez	**conquérir**
je fuirais tu fuirais il fuirait n. fuirions v. fuiriez ils fuiraient	je fuie tu fuies il fuie n. fuyions v. fuyiez ils fuient	je fuisse tu fuisses il fuît n. fuissions v. fuissiez ils fuissent	fuis fuyons fuyez	**s'enfuir**

不定法 現在分詞 過去分詞	直説法			
	現在	半過去	単純過去	単純未来
28. rendre *rendant* *rendu*	je rends tu rends il **rend** n. rendons v. rendez ils rendent	je rendais tu rendais il rendait n. rendions v. rendiez ils rendaient	je rendis tu rendis il rendit n. rendîmes v. rendîtes ils rendirent	je rendrai tu rendras il rendra n. rendrons v. rendrez ils rendront
29. prendre *prenant* *pris*	je prends tu prends il **prend** n. prenons v. prenez ils prennent	je prenais tu prenais il prenait n. prenions v. preniez ils prenaient	je pris tu pris il prit n. prîmes v. prîtes ils prirent	je prendrai tu prendras il prendra n. prendrons v. prendrez ils prendront
30. craindre *craignant* *craint*	je crains tu crains il craint n. craignons v. craignez ils craignent	je craignais tu craignais il craignait n. craignions v. craigniez ils craignaient	je craignis tu craignis il craignit n. craignîmes v. craignîtes ils craignirent	je craindrai tu craindras il craindra n. craindrons v. craindrez ils craindront
31. faire *faisant* *fait*	je fais tu fais il fait n. faisons v. **faites** ils **font**	je faisais tu faisais il faisait n. faisions v. faisiez ils faisaient	je fis tu fis il fit n. fîmes v. fîtes ils firent	je **ferai** tu **feras** il **fera** n. **ferons** v. **ferez** ils **feront**
32. dire *disant* *dit*	je dis tu dis il dit n. disons v. **dites** ils disent	je disais tu disais il disait n. disions v. disiez ils disaient	je dis tu dis il dit n. dîmes v. dîtes ils dirent	je dirai tu diras il dira n. dirons v. direz ils diront
33. lire *lisant* *lu*	je lis tu lis il lit n. lisons v. lisez ils lisent	je lisais tu lisais il lisait n. lisions v. lisiez ils lisaient	je lus tu lus il lut n. lûmes v. lûtes ils lurent	je lirai tu liras il lira n. lirons v. lirez ils liront
34. suffire *suffisant* *suffi*	je suffis tu suffis il suffit n. suffisons v. suffisez ils suffisent	je suffisais tu suffisais il suffisait n. suffisions v. suffisiez ils suffisaient	je suffis tu suffis il suffit n. suffîmes v. suffîtes ils suffirent	je suffirai tu suffiras il suffira n. suffirons v. suffirez ils suffiront

条件法	接続法		命令法	同型
現在	現在	半過去		
je rendrais tu rendrais il rendrait n. rendrions v. rendriez ils rendraient	je rende tu rendes il rende n. rendions v. rendiez ils rendent	je rendisse tu rendisses il rendît n. rendissions v. rendissiez ils rendissent	rends rendons rendez	**attendre descendre entendre pendre perdre répandre répondre vendre**
je prendrais tu prendrais il prendrait n. prendrions v. prendriez ils prendraient	je prenne tu prennes il prenne n. prenions v. preniez ils prennent	je prisse tu prisses il prît n. prissions v. prissiez ils prissent	prends prenons prenez	**apprendre comprendre entreprendre reprendre surprendre**
je craindrais tu craindrais il craindrait n. craindrions v. craindriez ils craindraient	je craigne tu craignes il craigne n. craignions v. craigniez ils craignent	je craignisse tu craignisses il craignît n. craignissions v. craignissiez ils craignissent	crains craignons craignez	**atteindre éteindre joindre peindre plaindre**
je ferais tu ferais il ferait n. ferions v. feriez ils feraient	je **fasse** tu **fasses** il **fasse** n. **fassions** v. **fassiez** ils **fassent**	je fisse tu fisses il fît n. fissions v. fissiez ils fissent	fais faisons **faites**	**défaire refaire satisfaire** 注 fais-[f(ə)z-]
je dirais tu dirais il dirait n. dirions v. diriez ils diraient	je dise tu dises il dise n. disions v. disiez ils disent	je disse tu disses il dît n. dissions v. dissiez ils dissent	dis disons **dites**	**redire**
je lirais tu lirais il lirait n. lirions v. liriez ils liraient	je lise tu lises il lise n. lisions v. lisiez ils lisent	je lusse tu lusses il lût n. lussions v. lussiez ils lussent	lis lisons lisez	**relire élire**
je suffirais tu suffirais il suffirait n. suffirions v. suffiriez ils suffiraient	je suffise tu suffises il suffise n. suffisions v. suffisiez ils suffisent	je suffisse tu suffisses il suffît n. suffissions v. suffissiez ils suffissent	suffis suffisons suffisez	

不定法 現在分詞 過去分詞	直 説 法			
	現　在	半　過　去	単純過去	単純未来
35. conduire *conduisant* *conduit*	je conduis tu conduis il conduit n. conduisons v. conduisez ils conduisent	je conduisais tu conduisais il conduisait n. conduisions v. conduisiez ils conduisaient	je conduisis tu conduisis il conduisit n. conduisîmes v. conduisîtes ils conduisirent	je conduirai tu conduiras il conduira n. conduirons v. conduirez ils conduiront
36. plaire *plaisant* *plu*	je plais tu plais il **plaît** n. plaisons v. plaisez ils plaisent	je plaisais tu plaisais il plaisait n. plaisions v. plaisiez ils plaisaient	je plus tu plus il plut n. plûmes v. plûtes ils plurent	je plairai tu plairas il plaira n. plairons v. plairez ils plairont
37. coudre *cousant* *cousu*	je couds tu couds il coud n. cousons v. cousez ils cousent	je cousais tu cousais il cousait n. cousions v. cousiez ils cousaient	je cousis tu cousis il cousit n. cousîmes v. cousîtes ils cousirent	je coudrai tu coudras il coudra n. coudrons v. coudrez ils coudront
38. suivre *suivant* *suivi*	je suis tu suis il suit n. suivons v. suivez ils suivent	je suivais tu suivais il suivait n. suivions v. suiviez ils suivaient	je suivis tu suivis il suivit n. suivîmes v. suivîtes ils suivirent	je suivrai tu suivras il suivra n. suivrons v. suivrez ils suivront
39. vivre *vivant* *vécu*	je vis tu vis il vit n. vivons v. vivez ils vivent	je vivais tu vivais il vivait n. vivions v. viviez ils vivaient	je vécus tu vécus il vécut n. vécûmes v. vécûtes ils vécurent	je vivrai tu vivras il vivra n. vivrons v. vivrez ils vivront
40. écrire *écrivant* *écrit*	j' écris tu écris il écrit n. écrivons v. écrivez ils écrivent	j' écrivais tu écrivais il écrivait n. écrivions v. écriviez ils écrivaient	j' écrivis tu écrivis il écrivit n. écrivîmes v. écrivîtes ils écrivirent	j' écrirai tu écriras il écrira n. écrirons v. écrirez ils écriront
41. boire *buvant* *bu*	je bois tu bois il boit n. buvons v. buvez ils boivent	je buvais tu buvais il buvait n. buvions v. buviez ils buvaient	je bus tu bus il but n. bûmes v. bûtes ils burent	je boirai tu boiras il boira n. boirons v. boirez ils boiront

条件法	接続法		命令法	同型
現在	現在	半過去		
je conduirais tu conduirais il conduirait n. conduirions v. conduiriez ils conduiraient	je conduise tu conduises il conduise n. conduisions v. conduisiez ils conduisent	je conduisisse tu conduisisses il conduisît n. conduisissions v. conduisissiez ils conduisissent	conduis conduisons conduisez	**construire** **cuire** **détruire** **instruire** **introduire** **produire** **traduire**
je plairais tu plairais il plairait n. plairions v. plairiez ils plairaient	je plaise tu plaises il plaise n. plaisions v. plaisiez ils plaisent	je plusse tu plusses il plût n. plussions v. plussiez ils plussent	plais plaisons plaisez	**déplaire** **(se) taire** (ただし il se tait)
je coudrais tu coudrais il coudrait n. coudrions v. coudriez ils coudraient	je couse tu couses il couse n. cousions v. cousiez ils cousent	je cousisse tu cousisses il cousît n. cousissions v. cousissiez ils cousissent	couds cousons cousez	
je suivrais tu suivrais il suivrait n. suivrions v. suivriez ils suivraient	je suive tu suives il suive n. suivions v. suiviez ils suivent	je suivisse tu suivisses il suivît n. suivissions v. suivissiez ils suivissent	suis suivons suivez	**poursuivre**
je vivrais tu vivrais il vivrait n. vivrions v. vivriez ils vivraient	je vive tu vives il vive n. vivions v. viviez ils vivent	je vécusse tu vécusses il vécût n. vécussions v. vécussiez ils vécussent	vis vivons vivez	
j' écrirais tu écrirais il écrirait n. écririons v. écririez ils écriraient	j' écrive tu écrives il écrive n. écrivions v. écriviez ils écrivent	j' écrivisse tu écrivisses il écrivît n. écrivissions v. écrivissiez ils écrivissent	écris écrivons écrivez	**décrire** **inscrire**
je boirais tu boirais il boirait n. boirions v. boiriez ils boiraient	je boive tu boives il boive n. buvions v. buviez ils boivent	je busse tu busses il bût n. bussions v. bussiez ils bussent	bois buvons buvez	

不定法 現在分詞 過去分詞	直説法			
	現在	半過去	単純過去	単純未来
42. résoudre *résolvant* *résolu*	je résous tu résous il résout n. résolvons v. résolvez ils résolvent	je résolvais tu résolvais il résolvait n. résolvions v. résolviez ils résolvaient	je résolus tu résolus il résolut n. résolûmes v. résolûtes ils résolurent	je résoudrai tu résoudras il résoudra n. résoudrons v. résoudrez ils résoudront
43. connaître *connaissant* *connu*	je connais tu connais il **connaît** n. connaissons v. connaissez ils connaissent	je connaissais tu connaissais il connaissait n. connaissions v. connaissiez ils connaissaient	je connus tu connus il connut n. connûmes v. connûtes ils connurent	je connaîtrai tu connaîtras il connaîtra n. connaîtrons v. connaîtrez ils connaîtront
44. naître *naissant* *né*	je nais tu nais il **naît** n. naissons v. naissez ils naissent	je naissais tu naissais il naissait n. naissions v. naissiez ils naissaient	je naquis tu naquis il naquit n. naquîmes v. naquîtes ils naquirent	je naîtrai tu naîtras il naîtra n. naîtrons v. naîtrez ils naîtront
45. croire *croyant* *cru*	je crois tu crois il croit n. croyons v. croyez ils croient	je croyais tu croyais il croyait n. croyions v. croyiez ils croyaient	je crus tu crus il crut n. crûmes v. crûtes ils crurent	je croirai tu croiras il croira n. croirons v. croirez ils croiront
46. battre *battant* *battu*	je bats tu bats il **bat** n. battons v. battez ils battent	je battais tu battais il battait n. battions v. battiez ils battaient	je battis tu battis il battit n. battîmes v. battîtes ils battirent	je battrai tu battras il battra n. battrons v. battrez ils battront
47. mettre *mettant* *mis*	je mets tu mets il **met** n. mettons v. mettez ils mettent	je mettais tu mettais il mettait n. mettions v. mettiez ils mettaient	je mis tu mis il mit n. mîmes v. mîtes ils mirent	je mettrai tu mettras il mettra n. mettrons v. mettrez ils mettront
48. rire *riant* *ri*	je ris tu ris il rit n. rions v. riez ils rient	je riais tu riais il riait n. riions v. riiez ils riaient	je ris tu ris il rit n. rîmes v. rîtes ils rirent	je rirai tu riras il rira n. rirons v. rirez ils riront

条件法	接続法		命令法	同型
現在	現在	半過去		
je résoudrais tu résoudrais il résoudrait n. résoudrions v. résoudriez ils résoudraient	je résolve tu résolves il résolve n. résolvions v. résolviez ils résolvent	je résolusse tu résolusses il résolût n. résolussions v. résolussiez ils résolussent	résous résolvons résolvez	
je connaîtrais tu connaîtrais il connaîtrait n. connaîtrions v. connaîtriez ils connaîtraient	je connaisse tu connaisses il connaisse n. connaissions v. connaissiez ils connaissent	je connusse tu connusses il connût n. connussions v. connussiez ils connussent	connais connaissons connaissez	注 t の前にくるとき i→î. **apparaître** **disparaître** **paraître** **reconnaître**
je naîtrais tu naîtrais il naîtrait n. naîtrions v. naîtriez ils naîtraient	je naisse tu naisses il naisse n. naissions v. naissiez ils naissent	je naquisse tu naquisses il naquît n. naquissions v. naquissiez ils naquissent	nais naissons naissez	注 t の前にくるとき i→î. 助動詞は être.
je croirais tu croirais il croirait n. croirions v. croiriez ils croiraient	je croie tu croies il croie n. croyions v. croyiez ils croient	je crusse tu crusses il crût n. crussions v. crussiez ils crussent	crois croyons croyez	
je battrais tu battrais il battrait n. battrions v. battriez ils battraient	je batte tu battes il batte n. battions v. battiez ils battent	je battisse tu battisses il battît n. battissions v. battissiez ils battissent	bats battons battez	**abattre** **combattre**
je mettrais tu mettrais il mettrait n. mettrions v. mettriez ils mettraient	je mette tu mettes il mette n. mettions v. mettiez ils mettent	je misse tu misses il mît n. missions v. missiez ils missent	mets mettons mettez	**admettre** **commettre** **permettre** **promettre** **remettre**
je rirais tu rirais il rirait n. ririons v. ririez ils riraient	je rie tu ries il rie n. riions v. riiez ils rient	je risse tu risses il rît n. rissions v. rissiez ils rissent	ris rions riez	**sourire**

不定法 現在分詞 過去分詞	直説法			
	現在	半過去	単純過去	単純未来
49. conclure *concluant* *conclu*	je conclus tu conclus il conclut n. concluons v. concluez ils concluent	je concluais tu concluais il concluait n. concluions v. concluiez ils concluaient	je conclus tu conclus il conclut n. conclûmes v. conclûtes ils conclurent	je conclurai tu concluras il conclura n. conclurons v. conclurez ils concluront
50. rompre *rompant* *rompu*	je romps tu romps il rompt n. rompons v. rompez ils rompent	je rompais tu rompais il rompait n. rompions v. rompiez ils rompaient	je rompis tu rompis il rompit n. rompîmes v. rompîtes ils rompirent	je romprai tu rompras il rompra n. romprons v. romprez ils rompront
51. vaincre *vainquant* *vaincu*	je vaincs tu vaincs il **vainc** n. vainquons v. vainquez ils vainquent	je vainquais tu vainquais il vainquait n. vainquions v. vainquiez ils vainquaient	je vainquis tu vainquis il vainquit n. vainquîmes v. vainquîtes ils vainquirent	je vaincrai tu vaincras il vaincra n. vaincrons v. vaincrez ils vaincront
52. recevoir *recevant* *reçu*	je reçois tu reçois il reçoit n. recevons v. recevez ils reçoivent	je recevais tu recevais il recevait n. recevions v. receviez ils recevaient	je reçus tu reçus il reçut n. reçûmes v. reçûtes ils reçurent	je **recevrai** tu **recevras** il **recevra** n. **recevrons** v. **recevrez** ils **recevront**
53. devoir *devant* *dû* (due, dus, dues)	je dois tu dois il doit n. devons v. devez ils doivent	je devais tu devais il devait n. devions v. deviez ils devaient	je dus tu dus il dut n. dûmes v. dûtes ils durent	je **devrai** tu **devras** il **devra** n. **devrons** v. **devrez** ils **devront**
54. pouvoir *pouvant* *pu*	je **peux (puis)** tu **peux** il peut n. pouvons v. pouvez ils peuvent	je pouvais tu pouvais il pouvait n. pouvions v. pouviez ils pouvaient	je pus tu pus il put n. pûmes v. pûtes ils purent	je **pourrai** tu **pourras** il **pourra** n. **pourrons** v. **pourrez** ils **pourront**
55. émouvoir *émouvant* *ému*	j' émeus tu émeus il émeut n. émouvons v. émouvez ils émeuvent	j' émouvais tu émouvais il émouvait n. émouvions v. émouviez ils émouvaient	j' émus tu émus il émut n. émûmes v. émûtes ils émurent	j' **émouvrai** tu **émouvras** il **émouvra** n. **émouvrons** v. **émouvrez** ils **émouvront**

条件法	接続法		命令法	同型
現在	現在	半過去		
je conclurais tu conclurais il conclurait n. conclurions v. concluriez ils concluraient	je conclue tu conclues il conclue n. concluions v. concluiez ils concluent	je conclusse tu conclusses il conclût n. conclussions v. conclussiez ils conclussent	conclus concluons concluez	
je romprais tu romprais il romprait n. romprions v. rompriez ils rompraient	je rompe tu rompes il rompe n. rompions v. rompiez ils rompent	je rompisse tu rompisses il rompît n. rompissions v. rompissiez ils rompissent	romps rompons rompez	**interrompre**
je vaincrais tu vaincrais il vaincrait n. vaincrions v. vaincriez ils vaincraient	je vainque tu vainques il vainque n. vainquions v. vainquiez ils vainquent	je vainquisse tu vainquisses il vainquît n. vainquissions v. vainquissiez ils vainquissent	vaincs vainquons vainquez	**convaincre**
je recevrais tu recevrais il recevrait n. recevrions v. recevriez ils recevraient	je reçoive tu reçoives il reçoive n. recevions v. receviez ils reçoivent	je reçusse tu reçusses il reçût n. reçussions v. reçussiez ils reçussent	reçois recevons recevez	**apercevoir** **concevoir**
je devrais tu devrais il devrait n. devrions v. devriez ils devraient	je doive tu doives il doive n. devions v. deviez ils doivent	je dusse tu dusses il dût n. dussions v. dussiez ils dussent	dois devons devez	注命令法はほとんど用いられない.
je pourrais tu pourrais il pourrait n. pourrions v. pourriez ils pourraient	je **puisse** tu **puisses** il **puisse** n. **puissions** v. **puissiez** ils **puissent**	je pusse tu pusses il pût n. pussions v. pussiez ils pussent		注命令法はない.
j' émouvrais tu émouvrais il émouvrait n. émouvrions v. émouvriez ils émouvraient	j' émeuve tu émeuves il émeuve n. émouvions v. émouviez ils émeuvent	j' émusse tu émusses il émût n. émussions v. émussiez ils émussent	émeus émouvons émouvez	**mouvoir** ただし過去分詞はmû (mue, mus, mues)

不定法 現在分詞 過去分詞	直　説　法			
	現在	半過去	単純過去	単純未来
56. savoir *sachant* *su*	je sais tu sais il sait n. savons v. savez ils savent	je savais tu savais il savait n. savions v. saviez ils savaient	je sus tu sus il sut n. sûmes v. sûtes ils surent	je **saurai** tu **sauras** il **saura** n. **saurons** v. **saurez** ils **sauront**
57. voir *voyant* *vu*	je vois tu vois il voit n. voyons v. voyez ils voient	je voyais tu voyais il voyait n. voyions v. voyiez ils voyaient	je vis tu vis il vit n. vîmes v. vîtes ils virent	je **verrai** tu **verras** il **verra** n. **verrons** v. **verrez** ils **verront**
58. vouloir *voulant* *voulu*	je **veux** tu **veux** il veut n. voulons v. voulez ils veulent	je voulais tu voulais il voulait n. voulions v. vouliez ils voulaient	je voulus tu voulus il voulut n. voulûmes v. voulûtes ils voulurent	je **voudrai** tu **voudras** il **voudra** n. **voudrons** v. **voudrez** ils **voudront**
59. valoir *valant* *valu*	je **vaux** tu **vaux** il vaut n. valons v. valez ils valent	je valais tu valais il valait n. valions v. valiez ils valaient	je valus tu valus il valut n. valûmes v. valûtes ils valurent	je **vaudrai** tu **vaudras** il **vaudra** n. **vaudrons** v. **vaudrez** ils **vaudront**
60. s'asseoir *s'asseyant*[1] *assis*	je m'assieds[1] tu t'assieds il **s'assied** n. n. asseyons v. v. asseyez ils s'asseyent	je m'asseyais[1] tu t'asseyais il s'asseyait n. n. asseyions v. v. asseyiez ils s'asseyaient	 je m'assis tu t'assis il s'assit	je m'**assiérai**[1] tu t'**assiéras** il s'**assiéra** n. n. **assiérons** v. v. **assiérez** ils s'**assiéront**
s'assoyant[2]	je m'assois[2] tu t'assois il s'assoit n. n. assoyons v. v. assoyez ils s'assoient	je m'assoyais[2] tu t'assoyais il s'assoyait n. n. assoyions v. v. assoyiez ils s'assoyaient	n. n. assîmes v. v. assîtes ils s'assirent	je m'**assoirai**[2] tu t'**assoiras** il s'**assoira** n. n. **assoirons** v. v. **assoirez** ils s'**assoiront**
61. pleuvoir *pleuvant* *plu*	il pleut	il pleuvait	il plut	il **pleuvra**
62. falloir *fallu*	il faut	il fallait	il fallut	il **faudra**

条件法	接続法		命令法	同型
現　在	現　在	半過去		
je saurais tu saurais il saurait n. saurions v. sauriez ils sauraient	je **sache** tu **saches** il **sache** n. **sachions** v. **sachiez** ils **sachent**	je susse tu susses il sût n. sussions v. sussiez ils sussent	**sache** **sachons** **sachez**	
je verrais tu verrais il verrait n. verrions v. verriez ils verraient	je voie tu voies il voie n. voyions v. voyiez ils voient	je visse tu visses il vît n. vissions v. vissiez ils vissent	vois voyons voyez	**revoir**
je voudrais tu voudrais il voudrait n. voudrions v. voudriez ils voudraient	je **veuille** tu **veuilles** il **veuille** n. voulions v. vouliez ils **veuillent**	je voulusse tu voulusses il voulût n. voulussions v. voulussiez ils voulussent	**veuille** **veuillons** **veuillez**	
je vaudrais tu vaudrais il vaudrait n. vaudrions v. vaudriez ils vaudraient	je **vaille** tu **vailles** il **vaille** n. valions v. valiez ils **vaillent**	je valusse tu valusses il valût n. valussions v. valussiez ils valussent		注命令法はほとんど用いられない.
je m'assiérais⁽¹⁾ tu t'assiérais il s'assiérait n. n. assiérions v. v. assiériez ils s'assiéraient	je m'asseye⁽¹⁾ tu t'asseyes il s'asseye n. n. asseyions v. v. asseyiez ils s'asseyent	j' m'assisse tu t'assisses il s'assît n. n. assissions v. v. assissiez ils s'assissent	assieds-toi⁽¹⁾ asseyons-nous asseyez-vous	注時称により2種の活用があるが, (1)は古来の活用で, (2)は俗語調である. (1)の方が多く使われる.
je m'assoirais⁽²⁾ tu t'assoirais il s'assoirait n. n. assoirions v. v. assoiriez ils s'assoiraient	je m'assoie⁽²⁾ tu t'assoies il s'assoie n. n. assoyions v. v. assoyiez ils s'assoient		assois-toi⁽²⁾ assoyons-nous assoyez-vous	
il pleuvrait	il pleuve	il plût		注命令法はない.
il faudrait	il **faille**	il fallût		注命令法・現在分詞はない.

NUMÉRAUX（数詞）

CARDINAUX（基数）		ORDINAUX（序数）	CARDINAUX		ORDINAUX
1	un, une	premier (première)	90	quatre-vingt-dix	quatre-vingt-dixième
2	deux	deuxième, second (e)	91	quatre-vingt-onze	quatre-vingt-onzième
3	trois	troisième	92	quatre-vingt-douze	quatre-vingt-douzième
4	quatre	quatrième	**100**	**cent**	**centième**
5	cinq	cinquième	101	cent un	cent (et) unième
6	six	sixième	102	cent deux	cent deuxième
7	sept	septième	110	cent dix	cent dixième
8	huit	huitième	120	cent vingt	cent vingtième
9	neuf	neuvième	130	cent trente	cent trentième
10	**dix**	**dixième**	140	cent quarante	cent quarantième
11	onze	onzième	150	cent cinquante	cent cinquantième
12	douze	douzième	160	cent soixante	cent soixantième
13	treize	treizième	170	cent soixante-dix	cent soixante-dixième
14	quatorze	quatorzième	180	cent quatre-vingts	cent quatre-vingtième
15	quinze	quinzième	190	cent quatre-vingt-dix	cent quatre-vingt-dixième
16	seize	seizième	**200**	**deux cents**	**deux centième**
17	dix-sept	dix-septième	201	deux cent un	deux cent unième
18	dix-huit	dix-huitième	202	deux cent deux	deux cent deuxième
19	dix-neuf	dix-neuvième	**300**	**trois cents**	**trois centième**
20	**vingt**	**vingtième**	301	trois cent un	trois cent unième
21	vingt et un	vingt et unième	302	trois cent deux	trois cent deuxième
22	vingt-deux	vingt-deuxième	**400**	**quatre cents**	**quatre centième**
23	vingt-trois	vingt-troisième	401	quatre cent un	quatre cent unième
30	**trente**	**trentième**	402	quatre cent deux	quatre cent deuxième
31	trente et un	trente et unième	**500**	**cinq cents**	**cinq centième**
32	trente-deux	trente-deuxième	501	cinq cent un	cinq cent unième
40	**quarante**	**quarantième**	502	cinq cent deux	cinq cent deuxième
41	quarante et un	quarante et unième	**600**	**six cents**	**six centième**
42	quarante-deux	quarante-deuxième	601	six cent un	six cent unième
50	**cinquante**	**cinquantième**	602	six cent deux	six cent deuxième
51	cinquante et un	cinquante et unième	**700**	**sept cents**	**sept centième**
52	cinquante-deux	cinquante-deuxième	701	sept cent un	sept cent unième
60	**soixante**	**soixantième**	702	sept cent deux	sept cent deuxième
61	soixante et un	soixante et unième	**800**	**huit cents**	**huit centième**
62	soixante-deux	soixante-deuxième	801	huit cent un	huit cent unième
70	**soixante-dix**	**soixante-dixième**	802	huit cent deux	huit cent deuxième
71	soixante et onze	soixante et onzième	**900**	**neuf cents**	**neuf centième**
72	soixante-douze	soixante-douzième	901	neuf cent un	neuf cent unième
80	**quatre-vingts**	**quatre-vingtième**	902	neuf cent deux	neuf cent deuxième
81	quatre-vingt-un	quatre-vingt-unième	**1000**	**mille**	**millième**
82	quatre-vingt-deux	quatre-vingt-deuxième			

| 1 000 000 | un million | millionième | 1 000 000 000 | un milliard | milliardième |